AS CHAVES DO TARÔ

Hajo Banzhaf

AS CHAVES DO TARÔ

Uma Introdução Concisa por Meio de
21 Métodos Simples de Disposição das Cartas

Tradução
Zilda Hutchinson Schild Silva

Editora
Pensamento
SÃO PAULO

Título do original: *Schlüsselworte zum Tarot – Das Einstiegsbuch mit vielen Legearten.*
Copyright © 1990 Goldmann Verlag, uma divisão da Penguin Random House Verlagsgruppe GmbH, Munique, Alemanha.
Direitos negociados através da Ute Körner Literary Agent– www.uklitag.com
Copyright da edição brasileira © 1993, 2023 Editora Pensamento-Cultrix Ltda.
2ª edição 2023.

De fato, não pode haver acaso, pois uma única exceção à regularidade dos acontecimentos mundiais válida por toda a parte faria com que o universo saísse dos gonzos.

Consequentemente, designamos como "acaso" somente aquelas ocorrências regulares, como, por exemplo, as correspondências, cujas ligações originais ainda não conseguimos entender perfeitamente com a nossa limitada capacidade de compreensão.

– Dr. Hans Endres, em *Numerologie*

As cartas apresentadas neste livro provêm do Tarô Rider-Waite-Smith e do Tarô de Marselha.

Todos os direitos reservados. Nenhuma parte deste livro pode ser reproduzida ou usada de qualquer forma ou por qualquer meio, eletrônico ou mecânico, inclusive fotocópias, gravações ou sistema de armazenamento em banco de dados, sem permissão por escrito, exceto nos casos de trechos curtos citados em resenhas críticas ou artigos de revista.

A Editora Pensamento não se responsabiliza por eventuais mudanças ocorridas nos endereços convencionais ou eletrônicos citados neste livro.

Editor: Adilson Silva Ramachandra
Gerente editorial: Roseli de S. Ferraz
Preparação de originais: Verbenna Yin
Gerente de produção editorial: Indiara Faria Kayo
Editoração eletrônica: Join Bureau
Revisão: Ana Lúcia Gonçalves

Dados Internacionais de Catalogação na Publicação (CIP)
(Câmara Brasileira do Livro, SP, Brasil)

Banzhaf, Hajo
 As chaves do tarô: uma introdução concisa por meio de 21 métodos simples de disposição das cartas / Hajo Banzhaf; tradução Zilda Hutchinson Schild Silva. – 2. ed. – São Paulo: Editora Pensamento, 2023.

 Título original: Schlüsselworte zum Tarot – Das Einstiegsbuch mit vielen Legearten.
 ISBN 978-85-315-2271-0

 1. Cartomancia 2. Esoterismo – Tarô 3. Tarô – Cartas I. Título.

23-145728   CDD-133.3

Índices para catálogo sistemático:
1. Tarô: Esoterismo 133.3
Aline Graziele Benitez – Bibliotecária – CRB-1/3129

Direitos de tradução para o Brasil adquiridos com exclusividade pela
EDITORA PENSAMENTO-CULTRIX LTDA., que se reserva a
propriedade literária desta tradução.
Rua Dr. Mário Vicente, 368 – 04270-000 – São Paulo – SP – Fone: (11) 2066-9000
http://www.editorapensamento.com.br
E-mail: atendimento@editorapensamento.com.br
Foi feito o depósito legal.

SUMÁRIO

Fundamentos 9
    O que é o Tarô? 9
    Estrutura do jogo de cartas 10
    Origem das cartas 11
    Os diferentes jogos de cartas 12
    Respostas às perguntas mais frequentes 14
    O papel especial desempenhado pelas Cartas da Corte 23
    Como aprender a interpretar as cartas? 24
    A criação dos mundos e a jornada pelo mar noturno –
        A jornada do herói através das 22 cartas dos
        Arcanos Maiores 27

Da apresentação da pergunta à interpretação 47
    Acesso rápido para pessoas impacientes 47
    Como se deve fazer a pergunta? 48
    Visão geral dos 21 sistemas de dispor as cartas segundo o
    teor das perguntas e o grau de dificuldade 50

O caminho desde a pergunta até o sistema correto de disposição das cartas.. 52

Embaralhar, tirar e dispor as cartas.. 56

A interpretação.. 56

Os sistemas de disposição 59

1. O *Ankh* 60
2. A Mandala Astrológica 61
3. O Jogo do Relacionamento 65
4. O Ponto Cego 67
5. O Jogo da Decisão 69
6. O Segredo da Sacerdotisa 72
7. A Descida de Inanna ao Mundo Inferior 74
8. A Cruz Celta 80
9. A Cruz 84
10. O Jogo da Crise 86
11. A Lemniscata (∞)... 87
12. Leonardo, ou Ideal e Realidade 88
13. O Jogo do Louco 90
14. O Jogo dos Parceiros 92
15. O Jogo dos Planetas 93
16. O Jogo do Plano 96
17. A Estrela... 97
18. A Escada... 99
19. A Porta 101
20. O Caminho 103
21. A Fórmula Mágica dos Ciganos................................ 105

Palavras-chave para a interpretação 109
    As 22 cartas dos Arcanos Maiores 110
    As 56 cartas dos Arcanos Menores 133
        – Paus 134
        – Espadas 148
        – Ouros 162
        – Copas 176

Diferenças de significado em cartas sobre o mesmo tema 191

Contradições de sentido em cartas isoladas 215
    Cartas Contraditórias 217

Explicação de palavras e de conceitos 221
    Definição de conceitos 223
    Exemplos de interpretação 224

Apêndice 231
    Os Arcanos Maiores refletem a realidade da Era de Touro? ... 231
    Ideias sobre as raízes do simbolismo do Tarô 231
    A mística dos números e a mitologia como chave para
    uma melhor compreensão dos símbolos do Tarô 239

Fundamentos

O que é o Tarô?

O Tarô é um jogo de cartas proveniente de uma época muito antiga, que, além de ser valorizado como um testemunho de elevação espiritual, sempre foi amplamente usado como um jogo destinado às adivinhações. O lado espiritual tinha um grande significado para aqueles círculos de pessoas que se reuniam em Escolas de Mistérios, Lojas, Fraternidades e em outros tipos de sociedades secretas para estudar as antigas tradições e símbolos. Nessas cartas, elas viam a estrutura básica dos caminhos místicos de iniciação. O uso "comparativamente profano" das cartas como oráculo para as perguntas do dia a dia, no entanto, foi causa do amplo interesse que despertaram, tanto antigamente como nos dias de hoje. Dessa forma, este livro mostra como podemos consultar as cartas no sentido espiritual e também profano. O profundo significado das cartas como sinalizadoras no caminho da iniciação pode ser deduzido dos métodos de disposição apropriados para as questões relativas à experiência pessoal (ver p. 56.). Para o uso oracular em todos os demais tipos de perguntas são indicados quase todos os outros métodos de disposição.

Estrutura do jogo de cartas

O Tarô, com a forma essencial que conhecemos hoje, foi divulgado desde cerca do ano 1600. Ele se compõe de 78 cartas que se dividem em dois grupos:

22 cartas dos Arcanos Maiores,[1] também chamadas Trunfos, e 56 cartas dos Arcanos Menores.

Os 56 Arcanos Menores formam um *jogo com quatro naipes*, como conhecemos através de outros jogos de cartas. Como naipe ou figura, nesse caso, é desenhado o símbolo que representa cada uma dessas quatro séries. Os símbolos do Tarô correspondem aos das cartas modernas[*] de jogo, como segue:

Tarô		Cartas francesas		Cartas alemãs	
Bastões		Paus	♣	Bolota	
Espadas		Espadas	♠	Folha	
Taças		Copas	♥	Coração	
Moedas		Ouros	♦	Guizo	

Cada um desses quatro conjuntos se compõe de 14 cartas que se juntam da seguinte maneira: 10 cartas numeradas: Ás (= um), Dois, Três até Dez, e quatro Cartas da Corte: Rei, Rainha, Cavaleiro e Valete.

---

[1] A palavra Arcano deriva do latim *Arcanum*, que significa *segredo*. Estabelecemos assim uma diferença entre os 22 segredos maiores e os 56 segredos menores.

[*] Como no Brasil os nomes dos naipes do tarô são os mesmos do baralho comum, optamos por manter os nomes dos naipes como Paus, Espadas, Copas e Ouros, e não Bastões, Espadas, Taças e Moedas, tal como o autor mais utiliza. (N. do E.)

Na maioria dos jogos do Tarô, podemos distinguir facilmente as cartas dos Arcanos Maiores daquelas dos Arcanos Menores: em todas as cartas dos Arcanos Maiores, vemos um nome *e* um número; nas cartas dos Arcanos Menores, ao contrário, um nome *ou* um número.

Origem das cartas

Quanto à origem das cartas, continuamos "no escuro". Somente temos a certeza de que surgiram no século XIV, na Europa, e se espalharam rapidamente. A primeira menção que encontramos a respeito é do monge dominicano Irmão João, que vivia nas proximidades de Basileia e que, em 1377, citou um jogo de cartas em seu *Tractatus de moribus et disciplina humanae conversationis*. A lista de citações antigas sobre o jogo, às quais se deve inclusive a sua rápida disseminação, é a seguinte:[2]

1377 Florença	1379 Brabant	1389 Zurique	1380 Barcelona
1377 Paris	1379 St. Gallen	1390 Veneza	1380 Nüremberg
1377 Basileia	1380 Perpignan	1390 Holanda	1391 Augsburgo
1377 Siena	1381 Marselha	1391[3] Sicília	1392 Frankfurt
1378 Regensburg	1382 Lille	1379[4] Berna	1397 Ulm
1379 Viterbo	1384 Valência	1379 Constância	1397 Leiden

Muitos desses testemunhos primitivos sobre a existência das cartas só foram possíveis graças às contínuas proibições que acompanharam o seu uso ao longo dos séculos. Mas permanece um mistério: seriam as cartas usadas no sentido do Tarô atual, como oráculo, ou tratava-se de simples cartas de jogar? As pesquisas mais recentes partem desta última

---

[2] Citação de Michael Dummet. *The Game of Tarot from Ferrara to Salt Lake City*. Londres: Duckworth, 1980, p. 10.
[3] Entre 1377 e 1391.
[4] Entre 1367 e 1398, presumivelmente em 1379.

hipótese. Os pesquisadores acham que há uma boa base para a aceitação do fato de que um jogo com quatro naipes – a base das nossas atuais cartas de jogar, mas também dos Arcanos Menores do Tarô – chegou à Europa, proveniente do mundo islâmico, no século XIV, sendo usado primeiramente como um jogo para passar o tempo.

Há muitas suposições e especulações sobre a origem das 22 cartas dos Arcanos Maiores do Tarô. Contudo, em última análise, só se tem certeza de que os temas das cartas são antiquíssimos. Os conhecimentos dizem que elas refletem o Caminho da Iniciação ou as etapas da jornada do herói, tal como são conhecidos nos mitos e nos contos de fadas. Assim sendo, elas são a expressão das imagens arquetípicas da nossa alma, às quais C. G. Jung deu o nome de "arquétipos". A questão relativa à idade das cartas perde a importância quando nos tornamos conscientes de que as imagens que elas nos mostram remontam aos primórdios da consciência humana. (Ver p. 231.)

Os diferentes jogos de cartas

Enquanto os primitivos jogos demonstram ter um amplo leque de cartas; por volta do final do século XV, formou-se o baralho ainda usado em nossos dias, que se compõe de 78 cartas. Este logo foi chamado de "Tarô Veneziano" ou, ainda com maior frequência, de Tarô de Marselha. Isso se deve ao fato de que ora se atribuía a sua origem a uma, ora a outra dessas cidades.

No final do século XVIII, o ocultista Etteilla (que, segundo uma prática ocultista vigente na época, escrevia seu nome de trás para a frente, Alliette) criou um novo Tarô, que se disseminou rapidamente. Tal como o seu mestre, Court de Gébelin, ele também achava que as cartas provinham de uma época egípcia bem antiga. Em seu novo Tarô, o *Grand Etteilla*, ele corrigiu as falhas que, em sua opinião, se haviam infiltrado no jogo ao longo dos séculos. Contudo, seu trabalho foi rejeitado pelo grande ocultista Éliphas Lévi e por outros; com isso, o interesse geral logo se voltou novamente para o Tarô de Marselha.

Só com a passagem do último século aconteceu um novo impulso. Arthur Edward Waite, americano de nascimento que vivia na Inglaterra, membro e segundo dirigente da outrora muito influente *Golden Dawn* [Ordem Hermética da Aurora Dourada], desenvolveu um novo Tarô. As cartas foram desenhadas por outro membro da ordem, a artista Pamela Colman-Smith. Esse jogo ficou conhecido pelo nome do editor Rider e do autor Waite, como o *Tarô Rider-Waite*.* A razão do sucesso dessas novas cartas – que até hoje mantêm uma grande vantagem sobre os jogos de Tarô mais procurados – se deve à modificação decisiva e ao enriquecimento das cartas: em todos os outros baralhos de Tarô anteriores, só as 22 cartas dos Arcanos Maiores, as 16 Cartas da Corte e às vezes os quatro Ases eram ilustrados com figuras. As cartas restantes – e essas constituíam cerca da metade – tinham como tema pura e simplesmente a repetição do símbolo do seu conjunto e o seu valor numérico. Portanto, o Três de Paus mostrava exatamente três bastões, e o Nove de Copas apresentava nove taças, e assim por diante. Juntamente com a artista Colman-Smith, Waite conseguiu ilustrar também essas cartas, de tal forma que, desde então, todas as 78 cartas têm figuras que ajudam a determinar o seu significado.

Nos decênios seguintes, surgiram novos baralhos de Tarô, dentre os quais se tornaram famosas as cartas de Aleister Crowley. Elas foram desenhadas por Lady Frieda Harris e publicadas em 1944 com o nome de *O Livro de Thoth*. Crowley, dessa forma, utilizou-se do nome usado 150 anos antes por Etteilla para suas cartas de Tarô, visto ter ele "descoberto" naquela ocasião (1783) que 3.953 anos antes e, portanto, "exatamente" 171 anos depois do Dilúvio, 17 magos haviam criado e gravado um Tarô

---

* A popularização deste baralho, em âmbito mundial, se deve à empresa americana U.S. Games Inc., que só recentemente passou a editá-lo como Tarô Waite-Smith, em homenagem à artista plástica Pamela Colman Smith. (N. da P.)

sobre plaquetas de ouro, cumprindo ordens do legendário Hermes Trismegisto (com frequência identificado com o deus egípcio da sabedoria, Thoth). Infelizmente, Etteilla não divulgou onde havia adquirido esse conhecimento extraordinário.

No final dos anos 1970, iniciou-se o desenvolvimento que não só deu ao Tarô uma divulgação até então nunca alcançada, como também proporcionou a criação de novos *decks*. Centenas de diferentes *decks* de Tarô estão disponíveis atualmente, e talvez o mais conhecido dentre eles seja o de Salvador Dali. No entanto, Salvador Dali não foi o primeiro artista a se ocupar do Tarô. Quase 500 anos antes, entre 1494 e 1496, Albrecht Durer já havia desenhado cartas orientando-se pelo esquema dos maravilhosos Tarôs de Mantegna.

Muitos dos novos *decks* seguem a estrutura e os temas de Arthur Edward Waite e podem ser interpretados do mesmo modo. Outros Tarôs usam sistemas inteiramente novos em sua composição e, com bastante frequência, confundem os interessados, pois não existe livro – isso sem falar no folheto de orientação que deveria acompanhar as cartas – que revele o significado dos seus símbolos. Contudo, sentimo-nos totalmente desamparados quando se trata das excrescências desse desenvolvimento, que inevitavelmente surgiram, como o Tarô do Horror, o Tarô dos Sapatos Fantásticos ou o Tarô do Tabaco.[5]

Respostas às perguntas mais frequentes

Que tipo de pergunta podemos fazer às cartas?

Pode-se fazer qualquer tipo de pergunta às cartas do Tarô. Só há uma coisa que as elas não podem fazer: responder às perguntas com um

---

[5] Obtemos uma bela visão geral do amplo espectro de diferentes cartas de Tarô no catálogo de exposição *Tarot-Tarock-Tarocchi*, editado pelo Museu Alemão de Cartas de Jogar sobre 7.022 telas de linho puro.

lacônico "sim" ou "não". Mesmo assim, elas são bastante úteis quando queremos tomar uma decisão, pois revelam as consequências que os nossos atos podem acarretar, sem nos eximir de nossa responsabilidade a respeito deles. Além disso, podemos interrogá-las sobre o rumo dos acontecimentos, pedir-lhes sugestões e, quando se trata de uma consulta feita por nós mesmos em jogo de autoanálise, as cartas podem nos dar informações valiosas e mostrar-nos como realmente somos. (Ver pp. 50-52.)

Por que as respostas das cartas fazem sentido?

Por certo nunca poderemos explicar inteiramente esse fenômeno. No entanto, existem duas reflexões muito importantes sobre o tema:

1. O inconsciente se relaciona com o tempo e o espaço de maneira diferente da nossa consciência. Sendo assim, é capaz de enxergar além dos limites do presente, como cada um de nós já teve oportunidade de comprovar em sonhos premonitórios, ou ao intuirmos com antecedência fatos ainda por acontecer. A linguagem da consciência consiste em palavras, ao passo que a do inconsciente se expressa por imagens. Portanto, as cartas do Tarô são o alfabeto para a linguagem da nossa alma, que se manifesta por meio de imagens. Com elas, o inconsciente expressa o modo como vê o tema em questão. A única coisa que a nossa consciência tem de fazer é procurar entender a linguagem do inconsciente para que compreendamos o que as cartas querem dizer.
2. O conceito de sincronicidade, mencionado por C. G. Jung, serve de fundamento para a segunda reflexão. Estamos acostumados a medir o tempo em termos de quantidade. Todavia, existe também uma qualidade do tempo, e até mesmo expressamos isso verbalmente quando falamos do momento *certo* do tempo. No entanto, não é o pensamento consciente que nos leva ao

momento certo do tempo. Nosso relógio ou nossa voz interior são muito mais confiáveis para fazer isso. Cada momento tem seus sinais característicos de qualidade, em âmbitos totalmente diferentes: macrocósmicos, nas constelações planetárias, e microcósmicos, nos movimentos atômicos em vários níveis. Entre estes atuam métodos dos oráculos, inclusive o Tarô e o I Ching. No momento em que resolvemos fazer ao oráculo a pergunta que nos interessa, ele sabe nos dar a resposta correta. Por isso, tanto faz escolher este ou aquele oráculo. Também não importa muito o tipo de cartas de Tarô que escolhemos. Antes de qualquer coisa, é importante que o leitor das cartas entenda e fale a linguagem do oráculo escolhido.

Existe de fato um significado único, secreto e objetivo, porém verdadeiro das cartas?

Não. Apenas existem afirmações subjetivas. Contudo, o fato de estas assim mesmo constituírem afirmações valiosas será explicado mais adiante.

Como o consulente pode escolher as cartas "certas" sem saber o seu significado, ou qual o esquema de disposição que o leitor destas utilizará?

A regra geral diz o seguinte: "O consulente sempre dispõe o jogo para o leitor das cartas interpretar". Durante a disposição das cartas, sempre surge um vínculo inconsciente entre o leitor e o consulente, tanto que o consulente tira as cartas para um determinado leitor interpretar. Nesse caso, deixa de ter qualquer sentido pedir uma interpretação de outro leitor com o intuito de "confirmar" o jogo, pois, para este responder à pergunta, o consulente teria de tirar outras cartas que, apesar disso, levassem à mesma afirmação.

É necessário concentrar-se na pergunta enquanto se embaralha, se corta, se escolhe ou se tira as cartas?

Não, nada disso é necessário. Deixe-se levar pela convicção de que, de algum modo, o inconsciente já sabe o que você quer perguntar. Portanto, basta que *você* tenha consciência do sentido da pergunta. Sendo assim, convém que tenha certeza do que deseja saber, para poder depois compreender perfeitamente a resposta. Enquanto embaralha as cartas, escolhe-as ou enquanto elas são dispostas, você pode até mesmo vir a esquecer a pergunta que queria fazer (por isso, é conveniente anotá-la num papel, para poder tê-la diante dos olhos quando obtiver a resposta).

Dentre os vários significados de cada carta, como saber qual é o correto para determinado caso?

Por mera intuição. Não se admire se – como leitor – descobrir de repente um lado totalmente novo em determinada carta! Convém, todavia, ficar um pouco cético se já tiver dado formalmente a mesma interpretação para ela em outros casos. No entanto, se de repente ficar literal e desamparadamente perplexo diante da pergunta, as próprias cartas poderão ajudá-lo: basta perguntar-lhe o sentido especial de determinada carta, dispondo-as no esquema de Cruz. (Ver p. 84.)

Se dispusermos as cartas duas vezes seguidas para a mesma pergunta, as cartas serão as mesmas?

É bem provável que não. Com frequência, contudo, tiram-se cartas bem parecidas, de modo que a interpretação geral acaba sendo exatamente idêntica. As cartas também podem acrescentar um aspecto novo com relação à pergunta feita. Entretanto, se o fato de fazer duas consultas em seguida se deve unicamente à curiosidade de fazer um teste para ver se as cartas "funcionam", elas deixam de funcionar. Isso não depende tanto de as "cartas desejarem nos castigar pela curiosidade inadmissível", mas da atitude anterior do leitor e do consulente: só onde houver uma sintonia perfeita entre o consciente e o inconsciente é que podem ocorrer fenômenos, como previsões, por meio da interpretação das cartas. Se o nosso inconsciente se posicionar diante do nosso âmbito intuitivo repleto de dúvidas, isso perturba a harmonia e diminui ou torna sem valor a qualidade de previsão das cartas.

Por quanto tempo vale a resposta das cartas à nossa consulta? Para que períodos de tempo podemos consultá-las?

A consulta vale aproximadamente por três meses. Mas isso não significa que, após esse período, as cartas percam o significado. Todavia, depois disso, elas se tornam cada vez menos compreensíveis. É por essa razão que o acerto da resposta às questões que abrangem períodos muito longos de tempo – por exemplo, mais de um ano – é bastante impreciso.

O tempo médio comum com o qual as cartas se ocupam vai de quatro até seis semanas. Exceções a essa regra são os jogos feitos para autoanálise, pois estes não têm regras. O Jogo do Louco também é uma exceção, pois pode dar uma visão geral da situação, mesmo para períodos bastante amplos. Com respeito ao assunto, existem algumas cartas que têm sentido temporal; o Oito de Paus apressa os eventos, como às vezes também o Carro (VII). O Sete de Ouros, ao contrário, indica que o consulente tem de ter paciência. O Quatro de Espadas e o Enforcado (XII) são indicadores de que os acontecimentos sofrerão um grande atraso.

Até que ponto se pode confiar no oráculo das cartas?

Ele é tão confiável como o conselho de um velho sábio. Indubitavelmente, a maior porcentagem de acertos é demonstrada pelas cartas em leituras que se referem ao passado e ao presente, porque esses acontecimentos e experiências já aconteceram ou estão acontecendo no momento. Quanto aos prognósticos, as cartas só os fornecem com uma probabilidade significativa de acerto, embora não na mesma medida; a confiabilidade diminui quanto mais distante no futuro estiver o evento a acontecer (ver também o capítulo seguinte).

Essa menor confiabilidade, no caso dos prognósticos, se explica pela nossa liberdade de conduzir a vida segundo o nosso desejo. Esse também é o motivo pelo qual os prognósticos não se concretizam com a mesma frequência para as pessoas cuja consciência de vida é elevada. Seu grau de acerto é maior para pessoas que meramente se deixam conduzir pelo destino. As cartas – como todos os outros oráculos – indicam experiências pelas quais temos de passar. Desse ponto de vista, as previsões são muito confiáveis. No entanto, o modo como viveremos essa experiência e os acontecimentos que se relacionam com ela fazem parte do nosso livre-arbítrio humano.

Há limite para as respostas e, sendo assim, existem assuntos que um leitor de cartas não pode ou não deve mencionar?

Sim. Ao contrário das expectativas gerais, um leitor de cartas não é um adivinho. Ele é um tradutor para a linguagem das imagens e, à semelhança do que ocorre com um intérprete de sonhos, ele se comunica com o inconsciente do consulente durante o diálogo. Ao descrever uma *experiência* futura, há limites. O significado da resposta está em se obter uma compreensão mais profunda de correlações significativas ligadas a essa experiência. Duvidosas, ou até mesmo destituídas de valor, são as afirmações que transpõem esses limites e informam que ocorrerá um *fato* inevitável.

O consulente não seria excessivamente manipulado através das cartas ou de outros oráculos? Acaso ele não passará por uma experiência má somente porque esta lhe foi prevista?

De acordo com a minha experiência, um consulente só aceita a resposta para a qual está intimamente preparado. Se ela lhe parecer absurda ou inaceitável, ele a desconsiderará, ou consultará outro oráculo. Sou muito procurado por pessoas que estiveram com adivinhos para os quais, ao que parece, não há limites para as respostas, e que profetizam infelicidades inevitáveis (mortes horrorosas de parentes próximos, ruína financeira que acaba em suicídio etc.). Uma conversa sobre como o teor dessas respostas é insustentável produz pouco resultado junto ao consulente. Só depois que o consulente entende que talvez "precisasse" de uma notícia desastrosa como essa para poder abrir os olhos à realidade é que a tensão se desfaz. (Tudo se resume a isso, pois de qualquer maneira a profecia não se realiza.) Evidentemente, não estou justificando o fato de alguns adivinhos irresponsáveis fazerem afirmações insustentáveis, horríveis e, ao mesmo tempo, destituídas de qualquer valor.[6]

Só quero explicar que, tanto neste como em qualquer outro tipo de aconselhamento ou terapia, o consulente recebe a resposta e faz a experiência que é necessária ao seu estado de desenvolvimento.

---

[6] Mesmo que fosse possível, por exemplo, fazer uma previsão sobre o tipo de morte que aguarda o consulente, e mesmo que essa previsão demonstrasse estar correta, ainda assim ela não teria nenhum valor, visto que saber disso não traria nenhum benefício ao consulente.

De que serve então fazer uma consulta ao oráculo?

É claro que a importância de fazer uma consulta não se deve ao prognóstico de acontecimentos profanos da vida do dia a dia. O que torna o Tarô (bem como a Astrologia e o I Ching) tão valioso é a profunda compreensão que possibilita do nosso plano de vida e da natureza intrínseca do nosso ser.

Qual a relação que existe entre o Tarô, a Astrologia e o I Ching?

Cada oráculo tem a sua linguagem própria; o Tarô e a Astrologia têm um parentesco mais próximo, por serem tradições ocidentais. O relacionamento entre eles assemelha-se ao da língua alemã com a inglesa, que permitem uma boa tradução recíproca. Todavia, tanto numa como na outra língua, existem expressões típicas: no caso de uma tradução, fazem-se adaptações de sentido. Ao contrário, o distanciamento entre o Tarô, a Astrologia e o I Ching é tão grande como a diferença que existe entre a língua alemã e a chinesa. É preciso ter uma profunda percepção de determinada cultura para poder entender a sua linguagem.

Segundo a minha experiência, digo que a força do Tarô está no fato de ele se desenvolver em campos próximos e torná-los compreensíveis. A Astrologia é a chave para se conhecer a natureza essencial dos homens e mostra os seus grandes ciclos de experiência; quanto ao I Ching, considero-o uma orientação especial para se compreender o conteúdo de determinada situação.

Podemos fazer às cartas perguntas relativas às coisas corriqueiras do dia a dia?

Sim, embora seja lamentável o consulente restringir-se a elas, deixando de conhecer os âmbitos mais profundos e ricos do Tarô.

Podemos tirar as cartas para pessoas ausentes?

Bem, é possível. Naturalmente o consulente deve ter um relacionamento muito íntimo com essa pessoa e um interesse justificável pela pergunta. Contudo, deve-se levar em consideração a possibilidade de haver alguma perturbação na amizade entre as duas pessoas. Nesse caso, as cartas com frequência refletem os desejos do consulente, e não tanto a verdadeira situação da outra pessoa.

Seja como for, esse tipo de jogo sempre deve ser abordado com cautela, e devemos nos familiarizar com ele aos poucos, para não acordar certa manhã confusos, perdidos num castelo de cartas construído por nós mesmos.

Por que se deve escolher e tirar as cartas com a mão esquerda?

Porque, desde a Antiguidade, o lado esquerdo do corpo vem sendo associado com o aspecto intuitivo. Trata-se de um conhecimento que as pesquisas mais recentes sobre o cérebro confirmaram.

Os canhotos também devem puxar as cartas com a mão esquerda?

Sim.

Podemos deixar que outras pessoas tirem as cartas por nós?

Sim, principalmente quando o consulente está extremamente tenso ou tem expectativas exageradas em relação à pergunta. Contudo, as cartas devem ser escolhidas ou até mesmo interpretadas por alguém que o consulente considere simpático.

O papel especial desempenhado pelas Cartas da Corte

É necessária uma advertência preliminar no que se refere às Cartas da Corte, que, na interpretação tradicional, são predominantemente vistas como pessoas. Essas cartas são as preferidas pelos cartomantes das Feiras místicas, pois com elas podem manter as esperanças dos consulentes quanto ao tio rico que mora na América, à mulher dos sonhos, ao príncipe encantado e a outras personagens que agradam os clientes. Todavia, para os leitores mais exigentes, essas figuras só causam embaraço, pois nem sempre fica claro qual é a pessoa mencionada e qual a sua importância para o jogo como um todo. Nos meus livros *Tarot-Spiele* [Jogo do Tarô] e *Das Tarot-Handbuch**, descrevi exaustivamente como essas cartas podem ser interpretadas. Por isso, limito-me aqui a uma visão geral breve, que, entretanto, também torna compreensível por que foi necessário um ligeiro desvio da estrutura rígida das palavras-chave, no caso dos Reis e das Rainhas.

Nas cartas dos *Reis* e das *Rainhas* não vejo apenas cartas pessoais que se referem a homens e mulheres. A melhor caracterização possível se faz com a ajuda dos quatro elementos, que correspondem aos quatro símbolos principais dos Arcanos Menores:

Paus	= Fogo	
Espadas	= Ar	
Ouros	= Terra	
Copas	= Água	

A palavra-chave para cada uma dessas cartas apenas mostra como as pessoas são em segundo plano.

---

* *Manual do Tarô*. São Paulo: Pensamento, 2ª edição, 2023.

Pode acontecer de alguém ser descrito por uma carta com uma figura do sexo oposto. Isso demonstra o papel mais ativo ou passivo que essa pessoa adota na vida. Os Reis personificam o princípio mais voltado para o exterior, o princípio ativo, penetrante, ao passo que as Rainhas expressam a receptividade e o princípio da acessibilidade. Sendo assim, o Rei de Copas mostrará seus sentimentos, mas a Rainha de Copas descreverá uma pessoa emocionalmente acessível e sensível.

Não classifico os *Cavaleiros* e os *Valetes* como indicações de que se trata de pessoas. Os Cavaleiros encarnam um estado de espírito ou uma atmosfera do ambiente que corresponda ao respectivo símbolo. Por exemplo:

Paus   = inquietação, impaciência, espírito empreendedor
Espadas = frieza, inflexibilidade, calculismo e disposição para conflitos
Ouros   = confiabilidade, curiosidade, firmeza e robustez
Copas   = bondade, espírito de conciliação, harmonia e ternura

No mesmo sentido os Valetes personificam oportunidades que surgem ao longo do nosso caminho e que nos são oferecidas de fora. Um Valete, portanto, não define a pessoa que nos oferece uma chance, mas descreve o tipo de chance que nos é oferecida. Os Ases, ao contrário, nos mostram as chances que temos no nosso interior como tesouros a serem descobertos.

Como aprender a interpretar as cartas?

As cartas se expressam através de imagens, e estas, por sua vez, constituem a linguagem da alma. Quem quiser aprender a linguagem das cartas – como o intérprete de sonhos – tem de aprender a linguagem da alma. O desenvolvimento desse aprendizado assemelha-se ao aprendizado de outra língua qualquer: depois de superarmos uma possível inibição inicial, vêm os primeiros sucessos espontâneos. Estes, contudo, só levam a uma maior segurança e desenvoltura na expressão das ideias por meio de uma prática constante.

Graças aos valores vigentes na nossa sociedade, nós, os ocidentais, somos ensinados a valorizar o raciocínio analítico e a lógica causal e não estamos acostumados a usar o raciocínio pictórico de modo a chegar às conclusões por meio da analogia. Isso significa que podemos descrever um problema por meio de palavras, e, se ele nos for comunicado da mesma maneira, também poderemos compreendê-lo. Nesse sentido, à medida que descobrimos as fórmulas gerais subjacentes a esse problema, podemos transformá-lo numa abstração; e, assim, acreditamos poder descobrir sua causa e os efeitos que produz. Mas esse é um esforço unilateral feito pela consciência.

A linguagem do inconsciente é outra. Nossa alma se expressa por imagens, como sabemos através dos sonhos. Não podemos substituir aleatoriamente essas imagens por palavras, pois estas sempre implicam certa deterioração dos fatos. As palavras se desgastam e perdem o sentido original do sonho. Imagens e, sobretudo, símbolos, ao contrário, falam aos homens há séculos sem perder seu sentido. Podemos entender isso muito bem no exemplo do Trunfo 14. Esta carta se chama "a Temperança". Embora atualmente também definamos uma virtude capital com essa palavra, por certo ela perdeu visivelmente a conotação de harmonia que tinha há cem anos. Para nós, ser "moderado" é um pouco melhor do que ser "mau", e, se quisermos expressar o significado original da palavra, é preciso traduzi-la por "a Medida Correta". A imagem, entretanto, sempre continuou a mesma: mostra-nos um anjo que mistura os líquidos contidos em dois recipientes para obter uma mistura correta.

Esse exemplo não só mostra como é errado definir as cartas apenas por meio do "significado" do nome escrito na margem, como também indica que esse nome pode até mesmo nos levar a cometer um erro.[7]

---

[7] O mesmo vale para o Trunfo 20, que se chama "o Julgamento" e, entretanto, mostra a ressurreição. Seu significado pertence ao círculo de temas sobre a salvação, e nunca a um tribunal criminal.

O fato de este livro apresentar *palavras-chave* para a interpretação das cartas não constitui, em última análise, uma contradição. Disparates grosseiros, como os apresentados por coleções de "dicas" gerais, são totalmente excluídos do livro, visto que o significado de determinada carta é dado para âmbitos diferentes de perguntas. De resto, este livro só pretende ser um "vocabulário para uma pequena tabuada".

Entender intuitivamente a linguagem das imagens (ou dos sonhos) e prever o seu significado não é tão difícil como parece. No começo, o que parece difícil é tornar esse significado acessível à consciência a ponto de ela entender a afirmação feita por meio de palavras que sejam claras tanto para o leitor das cartas como para o consulente. Ambos têm de entender o que as imagens querem dizer. Para isso, as fórmulas que apresento neste livro são um instrumento muito útil. Elas são, por assim dizer, a corda e a caçamba com que se pode tirar água do fundo do poço. Possibilitam o acesso à interpretação das cartas, embora ninguém deva encantar-se com a definição feita por essas fórmulas mágicas, resumindo-se apenas a elas.

Além disso, é preciso fazer a linguagem das imagens transformar-se na nossa linguagem diária. Convém então praticar tirando uma *carta diária*, uma *carta semanal* e uma *carta mensal*. Procede-se da seguinte maneira: Todos os dias pela manhã, deve-se puxar uma carta do baralho (no início, usa-se apenas os 22 Arcanos Maiores; depois, todas as 78 cartas); além dessa carta diária, deve-se escolher uma carta adicional no início da semana e outra no início do mês. Em seguida, deve-se observar como os assuntos apontados pelas cartas se apresentam durante o período em questão. Assim se verá, por exemplo, que a carta "A Morte" pode indicar o roubo da carteira (despedimo-nos dela involuntariamente); ou "o Enforcado" pode indicar a perda da chave do carro (impedindo a realização de alguma atividade prevista). Assim, a linguagem das cartas se tornará familiar nos mais diversos âmbitos.[8]

A chave para o significado mais profundo das cartas, no entanto, está oculta nos mitos que os homens vêm narrando há milênios. Entreter-se com os livros antigos de sabedoria bem como lidar com sua tradição oral e pictórica nos leva a um encontro mais profundo com as imagens da alma e do Tarô.

O próximo capítulo dará uma pequena amostra do que é essa tradição.

A criação dos mundos e a jornada pelo mar noturno – A jornada do herói através das 22 cartas dos Arcanos Maiores

1. A criação dos mundos

As 22 cartas dos Arcanos Maiores nos contam a jornada do herói (solar), em que também se reflete uma parte da história da criação do mundo: as cartas revelam como do caos primitivo (0 = o Louco) surgiram dois princípios primordiais polares, o masculino criativo (1 = o Mago) e o feminino receptivo (2 = a Sacerdotisa), que têm de se unir outra vez (1 + 2 = 3) para movimentar a Criação (3 = a Imperatriz, carta das forças primitivas da natureza, da fertilidade e do constante nascimento do novo). Foi assim que surgiu o universo organizado, com suas quatro direções, os quatro ventos, os quatro elementos e as quatro estações do ano (representados pela 4ª carta, o princípio organizador, "o

---

[8] O meu livro *Arbeitsbuch zum Tarot* [Caderno de Atividades para o Tarô] é um "passo intermediário" para se aprender a linguagem típica das cartas. Nele, descrevo o significado de cada uma das 78 cartas, em todas as posições imagináveis dentro do sistema de disposição de cartas "O Caminho" (ver p. 103), deixando, todavia, espaço suficiente para as experiências pessoais de cada leitor (que são muito mais importantes).

Imperador"). A criação é coroada com o homem (simbolizado pelo número 5), que reconhece o próprio significado do mundo visível e pesquisa os profundos mistérios ocultos por trás dele ("o Hierofante = 5ª carta, sendo o número 5 a quintessência e o significado secreto. O Hierofante é o iniciado superior nos Mistérios de Elêusis).[9]

Nesse ponto da história da criação, a Bíblia nos diz: "Não é bom o homem ficar só". Os tebanos nos falam sobre o mais espetacular casamento de todos os tempos: o pai da sua raça, Cadmo, casou-se com a celestial Harmonia, filha do deus da guerra, Ares, e da deusa do amor, Afrodite. Os Vedas indianos cantam o seu criador, Brahma. Este ficou durante trinta e seis mil anos na montanha sagrada Mandara, tentando convencer a mãe primordial, Maia, a renascer. Tanta concentração e persistência fizeram com que, finalmente, ela se declarasse disposta a voltar como Shakti e tornar Shiva, o grande yogue, seu marido: como deusa do êxtase, durante o sonho, ela tirou a paz de Shiva, fazendo com que de asceta ele se tornasse o seu marido.

Em todos esses casos, trata-se da união indissolúvel dos opostos, da irresistível força de atração que os une e que ocasiona a sua mútua penetração; essa união é simbolizada pelo número 6, que corresponde à

---

[9] Compare com a cosmogonia babilônio-caldaica:
Quando lá em cima os céus ainda não eram denominados,
Quando aqui embaixo a Terra não tinha nome (0 = o Louco),
Quando até mesmo Apsu, o início primordial,
O Criador dos deuses (1 = o Mago),
E Mummu Tiamat, que os concebeu a todos (2 = a Sacerdotisa),
Misturaram suas águas num fluxo único (1 + 2 = 3),
(...)
Os deuses nasceram do colo de Apsu e Tiamat (3 = a Imperatriz)
(...)
Os dias se tornaram longos,
Os anos se multiplicaram (4 = o Imperador).
Citação de: Jacobi, Lis. *Vom Werden der Welt und des Menschen* [Da Existência do Mundo e dos Homens]. Schaffhausen (Novalis) 1981, p. 27.

O LOUCO

O MAGO

A SACERDOTISA

A IMPERATRIZ

O HIEROFANTE

O IMPERADOR

estrela de seis pontas, mas também é simbolizada pelo hexagrama (em grego, *hex* = seis, e *gramma* = caráter de escrita) do I Ching chinês, em que se unem, de múltiplas maneiras, as forças Yin e Yang.

É evidente que esse círculo de temas é representado pela 6ª carta, os Enamorados. A partir da tradição cristã, sabemos que é nesse ponto que ocorrem as mudanças da vida: um fruto proibido, um presente de casamento que traz uma desgraça posterior (o colar de Harmonia, proveniente da forja de Hefesto, ou, posteriormente, a maçã dourada que provocou a Guerra de Troia porque continha a inscrição "À mais bela", presente de Éris, deusa da discórdia, que não fora convidada para a festa de bodas). Tradicionalmente, e não sem razão, essa carta também era chamada "a Decisão", visto que reflete a estação arquetípica da encruzilhada onde os caminhos se separam e, finalmente, o homem abandona a unidade paradisíaca primordial. É por isso que o vemos saindo para o mundo na 7ª carta. A estrela de oito pontas da sua coroa simboliza sua origem nobre, mas o quadrado sobre o seu peito mostra que ele deve agir na Terra.

2. A jornada do herói

Em outro nível, as mesmas cartas nos revelam a origem, a educação e o despertar do herói, além da sua busca pelo paraíso perdido. As primeiras dez cartas nos mostram o desenvolvimento da consciência que corresponde ao trajeto diário do Sol no céu diurno. A segunda dezena de cartas, ao contrário, oculta as tarefas mais difíceis que esperam pelo herói na "sua jornada pelo mar noturno".[10] Esse tema corresponde ao desaparecimento diário do Sol no horizonte oeste do céu, a travessia pela água mortal do mar noturno, a luta contra essas forças e, se tudo correr bem, o vitorioso nascimento, com um frescor renovado, no lado leste do céu matinal. A jornada pelo mar noturno é apresentada desde a 12ª carta até a 19ª dos Arcanos Maiores.

O herói é o Louco. Diferentemente do herói típico, com os músculos estufados, cantado pelos mitos da época patriarcal, o Tarô nos conta a história de tempos ainda mais antigos, em que o herói, pelos padrões

---

[10] Ver também especialmente Gilgamesh e Hércules, mas igualmente todos os outros heróis e heroínas que desceram ao Mundo Inferior, quais sejam: Orfeu, Ulisses, Eneias, Inanna e Psiquê.

atuais, corresponderia antes a um tipo de anti-herói, a uma "negação do tipo". Na tradição oral, em nossas lendas e contos de fadas, ele continua sendo o anti-herói. Ouvimos sempre a mesma história. Com mil e uma variações, a essência é a seguinte: "Era uma vez um rei que tinha três filhos. Quando pressentiu que a morte se aproximava, pediu-lhes que fossem buscar a erva da vida. Assim que ouviram o pedido, os dois irmãos mais velhos imediatamente selaram os cavalos e partiram, um para oeste, o outro para o leste, e, como eram grandes, fortes e espertos, o pai contava com a sua ajuda. Eles cavalgaram pelo mundo todo e, quando voltaram, um ano depois, trouxeram consigo todas as ervas que juntaram nos lugares pelos quais passaram. Contudo, a erva da vida não se encontrava entre elas". Conhecemos essa história, e também sabemos como ela continua; sabemos, inclusive, quem vai buscar a planta. É sempre tudo igual: o mais novo dos irmãos, o caçula, o bobalhão, o Louco. Todos são unânimes em dizer que nem valeria a pena ele montar o cavalo, porque, indubitavelmente, cairia, e, na melhor das hipóteses, mesmo que conseguisse seguir viagem, seria tolo demais para concluir com êxito qualquer tarefa. Porém, é exatamente ele que traz a erva. E isso acontece em todos os contos de fadas do mundo. A solução das nossas tarefas mais difíceis sempre está onde menos a procuramos!

Uma característica típica do herói é sua dupla paternidade. Acima dos pais terrenos, sempre estão ou um pai ou uma mãe divinos. Sobre esse fato, os contos de fadas mencionam que o herói é educado por pais adotivos. Esses pais em duplicata, nós os encontramos nas primeiras quatro cartas dos Arcanos Maiores. O Mago (I) e a Sacerdotisa (II) simbolizam, como pais celestiais, os princípios primordiais masculino e feminino, o Yang e o Yin, o princípio criativo e o princípio receptivo, o princípio ativo e o passivo. A Imperatriz (III) e o Imperador (IV) representam o par de pais terrenos, os quais simbolizam a concretização da polaridade primordial na Terra (natureza e civilização, aldeia e cidade, tradição e direito).

O MAGO

A SACERDOTISA

A IMPERATRIZ

O IMPERADOR

O HIEROFANTE

O Hierofante (V) representa a educação do herói. Com o sinal na sua mão direita, ele ensina que, além do visível (o dedo estirado), existe o invisível (os dedos dobrados). Devido aos dois noviços no primeiro plano, esta é a primeira carta dos Arcanos Maiores em que as figuras aparecem com dimensões humanas.

OS ENAMORADOS

O ENAMORADO

O CARRO

Assim sendo, ela representa também a conscientização da criança que, pela primeira vez, descobre que é diferente dos adultos que, perto dela, parecem grandes demais.

A JUSTIÇA

A JUSTIÇA

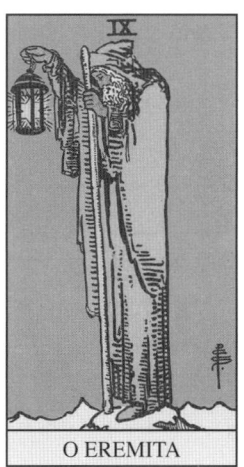

O EREMITA

A RODA DA FORTUNA

Na carta dos Enamorados descobrimos – seja como for, somente no tema clássico do Tarô de Marselha – a decisão, especialmente importante para a jornada do herói, de sair da casa dos pais (a mãe) e de percorrer o próprio caminho (com a mulher amada). Por meio da flecha do

Cupido, essa decisão se transforma numa decisão tomada com o coração. Sendo assim, a interpretação correta da carta também é: "Uma decisão espontânea e totalmente isenta de coação".

A carta seguinte (VII – o Carro) já mostra a partida do herói, o início da jornada, a busca do Santo Graal, a busca do Paraíso Perdido. A primeira experiência do herói é descobrir que ele é o único responsável pelos seus atos, e que só poderá colher o que ele mesmo plantou, pois

o mundo que o cerca é o seu espelho. Tudo isso é uma expressão da Justiça, que, na sequência numérica tradicional, está no 8º lugar. Ao encontrar o homem sábio (IX – o Eremita), o herói descobre o seu verdadeiro nome e recebe a fórmula mágica ou os instrumentos de magia, dos quais precisará para cumprir sua grandiosa missão. Ele ainda está diante de uma longa jornada repleta de perigos. Por isso, em hipótese alguma deve revelar a fórmula mágica e, muito menos, se esquecer do seu nome. O seu próximo passo é procurar o oráculo (X – a Roda da Fortuna), ao qual pergunta: "Qual é a minha tarefa?" A resposta é sempre a mesma: Ele terá de livrar das trevas o tesouro que é muito difícil de alcançar.

Assim chegamos ao final da primeira dezena dos Arcanos Maiores, que começou com a carta masculina do Mago, e passamos à segunda dezena, que – na sequência numérica tradicional – começa pela carta feminina da Força (XI). Ela indica que agora o herói se encontra na parte Yin de sua jornada, ou seja, o lado sombrio, misterioso, em que grandes perigos estão à sua espreita; contudo, depois de correr os riscos, é possível encontrar o tesouro escondido.

A MORTE

O Enforcado da 12ª carta representa a luz fraca, doentia, do Sol poente que se aproxima das águas e da morte.[11] Essa carta mostra que, para uma mudança de vida, é necessária uma disposição incondicional que nos leva a fazer a jornada até as profundezas, ou cair numa "armadilha", sofrer um golpe do destino que nos obriga a ter tranquilidade e a retroceder.

Viagem de Hércules na taça do Sol, Rotfig, figura de um vaso.

Os temas da 13ª até a 18ª cartas são sombrios (13, 15 e 16), noturnos (17 e 18) ou transcendentais (14), e é esse o motivo de também serem chamadas de cartas noturnas. Na carta da Morte, podemos ver o Sol se pondo por trás das torres da cidade sagrada de Jerusalém. O Cavaleiro e o Louco usam a mesma pena vermelha no chapéu, e o Louco, afinal, é o herói da nossa história. Contudo, correspondendo ao estado

---

[11] Com mais precisão, aqui se trata muito menos do reflexo do fenômeno diário do pôr do sol, e muito mais do fraco Sol de inverno no dia mais curto do ano, que é exatamente o oposto da grandiosa força de irradiação do Sol de verão. Mas, de igual maneira, também se faz menção a outro espaço de tempo. O simbolismo continua essencialmente o mesmo.

de fraqueza do Enforcado da carta XII, a pena pende frouxa do chapéu do cavaleiro. Só ao término da jornada pelo mar noturno, que pode ser vista na invencível carta do Sol (XIX), é que podemos vê-la outra vez ereta, cheia de um renovado vigor. Na carta da Morte, as pessoas parecem movimentar-se para a esquerda, para o oeste, rumo ao país da morte. Mas o cavaleiro, o vento que agita o seu estandarte e a barca dos mortos que percorre o rio permitem que reconheçamos a verdadeira direção, para a direita, rumo ao leste, rumo ao nascimento do Sol.

A carta menos compreensível dos Arcanos Maiores é a 14ª, a Temperança. Muitas pessoas se surpreendem com o fato de ela ser numerada entre as cartas noturnas. Aqui ela tem dois significados essenciais: Por um lado, mostra o "Psicopompo", o inevitável condutor de almas,[12] aquele que mostra aos mortos o difícil caminho repleto de perigos através da noite. Consequentemente, a carta mostra o rumo para a luz, para o Sol, no qual, se olharmos com mais atenção, se oculta uma coroa. Por outro lado, os antigos sabiam que, próximo às águas da morte, também fluem as águas da vida, ou melhor, que as águas da vida provêm das profundezas do submundo. Assim sendo, esta carta sempre foi relacionada com a cura, sendo uma indicação da existência da água da vida.

A 15ª carta nos mostra a figura do Diabo, o príncipe do Submundo, e aqueles que estão sob o seu poder. Neste ponto, chegamos ao lugar em que estão os que venderam a alma ao Diabo. E é aqui que o herói precisa redimir sua culpa e libertar o tão inatingível tesouro. Nas tradições antigas, a força negativa é chamada de serpente, de rainha das serpentes e de serpente noturna, que tem de ser subjugada pelas forças da luz. Essa luta (no meio da noite) acontece na 16ª carta, a Torre. O raio (sinal dos deuses superiores, como Zeus ou Donar) destrói a prisão (da falsa consciência) e liberta as almas aprisionadas na Torre.

---

[12] Hermes, para os gregos; Thoth, no Egito Antigo.

A TEMPERANÇA

O DIABO

A TORRE

É na 17ª noite, contada desde a última Lua cheia, depois de três noites sem Lua (= três dias no submundo), que aparece outra vez a nova luz, o primeiro crescente da nova Lua. A 17ª carta, "a Estrela", representa, simultaneamente, que existe expectativa de novas esperanças e que o herói alcançou as águas da vida, já prenunciadas na 14ª carta. Contudo, nem todos os perigos foram ultrapassados. A noite ainda não

XVII	XVIII
A ESTRELA	A LUA

devolveu o herói à luz, mas procura "retê-lo nas trevas". As tradições conhecem as leis inflexíveis do submundo: quem se virar para trás está perdido (Eurídice e a mulher de Ló); quem chegar a comer alguma coisa nesse lugar, nem que seja apenas um carocinho de romã, não pode mais retornar à luz do dia, à luz do mundo superior (Perséfone). O mesmo vale para aqueles que se instalam confortavelmente no submundo e se acomodam ao lugar. Estes sentam-se sobre as almofadas do esquecimento e não conseguem mais ressuscitar (Teseu e Pirito). Os contos de fadas descrevem uma situação semelhante: o herói se perde na floresta encantada, onde é cercado por todas as fadas, que fazem com que ele esqueça o próprio nome. Em todos esses casos, a missão é um fracasso porque, na verdade, o herói consegue dominar as forças exteriores das trevas, mas é subjugado pelos seus aliados interiores. É por isso que a 18ª carta nos mostra o desértico e perigoso solo de Asfodélio e, além disso, também aponta o fato de esse ser o caminho para a cidade sagrada de Jerusalém, cujas torres já podiam ser vistas no horizonte da 13ª carta. Agora elas estão ao alcance da visão.

O SOL

O SOL

A carta do Sol (XIX) representa a luz recém-nascida, demonstrando, consequentemente, o vitorioso percurso da jornada do herói. O Leste (o Sol) espelha o Oeste (a Morte) de uma maneira interessante: as cores escuras contrastam com as claras, a bandeira negra da Morte contrasta com o pano, na cor laranja da vida, o esqueleto, com a criança, a pena curvada com a pena em pé; o cavalo branco, no seu duplo sentido, representa o cavalo descorado que, com a Morte, transporta o quarto cavaleiro do Apocalipse, em contraste com o cavalo imperial que carrega o menino salvador nascido na noite escura, o Filho, o Ressuscitado sobre quem repousam todas as esperanças da humanidade.

Naturalmente, essa é apenas uma das maneiras possíveis de se descrever a jornada pelo mar noturno. Nos motivos mais antigos do Tarô de Marselha, não se vê essa correlação entre a carta da Morte e a carta do Sol. Em vez disso, encontramos, na 19ª carta, um par de gêmeos, que permitem que o aspecto da reconciliação seja interpretado. Já conhecemos este aspecto dos mitos que também é mostrado pelas cartas noturnas. Trata-se de uma luta entre o herói solar e seu irmão sombrio

Viagem pelo Mar noturno[13] do deus-Sol Rá, que traz na cabeça o disco solar, enquanto Seth mata a serpente marinha noturna, Apófis.

(Gilgamesh – Enkidu, Parsifal –Feirefiz) e, portanto, de uma briga, de uma solução e, por fim, da reconciliação com o próprio lado negativo.

O fato de o tema da criança aparecer aqui na 19ª etapa e, consequentemente, quase no final da jornada, é uma importante indicação de que o herói sempre volta a ser uma pessoa simples, depois de todas as lutas de sua vida. É exatamente isso que a Bíblia quer expressar quando

---

[13] Extraído do *Livro Egípcio dos Mortos*, de Cherit-Webeshet, 21ª dinastia.

diz: "Se não fordes como as crianças (notem bem: não se não permanecerdes), não entrareis no reino dos céus".

A penúltima carta (XX – o Julgamento) nos mostra a verdadeira solução e libertação que, agora que todas as exigências foram atendidas, não apresenta mais nenhuma dificuldade. As três pessoas que ressuscitam, saindo dos túmulos quadrados, aqui significam que o divino (ao qual corresponde o número 3) é libertado da prisão terrena

A jornada do herói pelo mar noturno.

(que corresponde ao 4). Tal como do sapo surge o príncipe, ou da feiosa dama Ragnell nasce a encantadoramente bela princesa, aqui o Si-mesmo divino se liberta de sua prisão terrena. E, naturalmente, a última carta (XXI – o Mundo) representa o reencontro do Paraíso, a coroação do herói como rei e o *final feliz* que, nos contos de fada, sempre se apresenta desta adorável maneira: "e, se eles não morrerem, continuam vivos até hoje...".

Da Apresentação da Pergunta à Interpretação

Acesso rápido para pessoas impacientes

Se você for impaciente demais para se demorar na leitura das "instruções para uso" e preferir começar logo suas experiências, siga as etapas descritas abaixo:

1. Faça uma pergunta sobre algum assunto de seu interesse. Caso se trate de uma pergunta decisiva, não a formule de modo que só possa ser respondida com "sim" ou "não". Em vez disso, pergunte o que acontecerá se você agir ou deixar de agir de determinada maneira.
2. Procure um esquema de disposição no quadro "Visão Geral dos 21 Sistemas de Dispor as Cartas Segundo o Teor das Perguntas e o Grau de Dificuldade" (p. 50) e escolha aquele que for mais apropriado ao seu caso. Se lhe parecer complicado demais, escolha simplesmente um dos três sistemas enumerados a seguir:

    1. O Jogo do Relacionamento (p. 65), para perguntas sobre um relacionamento.

2. O Jogo da Decisão (p. 69), para todas as perguntas sobre decisões.
3. A Cruz Celta (p. 80), para todos os outros tipos de perguntas.

3. Embaralhe todas as 78 cartas do Tarô e espalhe-as em forma de leque à sua frente, com a face voltada para baixo.
4. Veja de quantas cartas precisa para fazer o jogo segundo o esquema de disposição que escolheu.
5. Com toda a tranquilidade, retire com a mão esquerda as cartas de que precisa do leque distribuído à sua frente. Enquanto faz isso, não deve se concentrar; o importante é manter-se relaxado.
6. Sem virar as cartas, coloque-as uma por cima da outra, até ter todas as cartas necessárias.
7. Na ordem em que as escolheu (primeiro a que estiver embaixo do monte), vire uma carta depois da outra, distribuindo-as segundo a sequência de números requerida pelo esquema de disposição que preferiu.
8. Interprete cada uma das cartas utilizando palavras-chave que se encaixem significativamente no âmbito da pergunta que fez. As palavras-chave estão mais adiante neste livro.
9. Agora chegue à interpretação geral, juntando os significados isolados das cartas.

Como se deve fazer a pergunta?

Quanto à forma:

A pergunta pode ser feita em voz alta ou baixa, pode ser repetida várias vezes, ou também pode ser escrita. É uma questão de gosto. Nenhum método é melhor do que o outro. O importante é que você saiba exatamente o que perguntou, para que depois que a pergunta tiver sido feita já não haja mais necessidade de concentrar-se nela; assim poderá tirar as cartas com toda a calma e tranquilidade e, em seguida, virá-las e interpretá-las da mesma maneira.

Quanto ao conteúdo:

Faça a pergunta da maneira como ela lhe vier à cabeça. Não é a formulação que importa, mas o fato de estar claro para você *aquilo* que deseja saber. Também é suficiente perguntar: interesso-me pelo desenvolvimento desta ou daquela situação.

Há alguns esquemas de disposição que permitem que se tirem as cartas *sem que seja feita uma pergunta*. Os mais adequados são a Mandala Astrológica, a Porta e, obviamente, todos os jogos destinados à autoanálise.

Não faça perguntas que só possam ser respondidas com "sim" ou "não". Em situações nas quais se requer uma decisão, as cartas podem ser de grande utilidade, embora não lhe tirem o poder de decidir por si mesmo. O melhor é perguntar: "O que acontecerá se eu fizer determinada coisa, ou o que acontecerá se deixar de fazê-la?" O Jogo da Decisão lhe mostrará, então, as consequências que advirão de cada ato, de modo que ficará mais fácil tomar a sua decisão.

Não junte vários tipos de assuntos ou de alternativas. É preferível consultar isoladamente as cartas para cada aspecto da vida. Portanto, a pergunta não deverá ser feita da seguinte maneira: "Devo me mudar para Nova York ou para Paris?" É melhor perguntar: "Devo ou não me mudar para Nova York?"[14] Depois, concluir a consulta com outra pergunta: "Devo ou não me mudar para Paris?". Se, em ambos os casos, as

---

[14] Conforme o que foi dito antes bem como o esquema de respostas dado pelo "Jogo de Decisão", o teor da pergunta deveria ser: "O que acontecerá se eu for para Nova York, e o que acontecerá se eu não for?" Podemos nos ater à formulação mais simples, quando entendemos a resposta da alternativa apresentada aqui.

respostas forem duvidosas, as cartas ainda poderão mostrar uma alternativa favorável, como talvez a de mudar-se para Lisboa. Se a pergunta fosse formulada da primeira maneira que descrevemos, você apenas teria descoberto que a sua pretensão de se mudar apresenta problemas. Também não convém misturar muitos assuntos na mesma pergunta, como, por exemplo: "Como será a minha viagem de férias? Acaso me apaixonarei por alguém durante essa viagem?" Em vez disso, use o esquema "A Cruz Celta" para saber como será a sua viagem de férias e o esquema "O Caminho" para descobrir o que terá de fazer para voltar a se apaixonar por alguém.

Visão geral dos 21 sistemas de dispor as cartas segundo o teor das perguntas e o grau de dificuldade

Sistema de disposição	Próprio para perguntas sobre	Grau de dificuldade[15]
Ankh	Causas, motivos subjacentes e tendências	4
A Mandala Astrológica	Descrição mais abrangente do presente e visão sobre as tendências do futuro	4-5
O Jogo do Relacionamento	Estado da relação entre duas pessoas	2
O Ponto Cego	Experiência pessoal	3
O Jogo da Decisão	Consequências de uma decisão tomada	2-3

---

[15] *Grau de dificuldade*: 1 = muito fácil; 2 = fácil; 3 = dificuldade média; 4 = difícil; 5 = muito difícil.

Sistema de disposição	Próprio para perguntas sobre	Grau de dificuldade
O Segredo da Sacerdotisa	Como determinado assunto se desenvolve e o significado subjacente desse desenvolvimento	3
A Descida de Inanna ao Mundo Inferior	Experiência pessoal	5
A Cruz Celta	Desenvolvimento de um assunto Presta-se para todas as perguntas	2
A Cruz	Conselho ou sugestão	1
O Jogo da Crise	Saída para uma crise	2
A Lemniscata (∞)	Situação de um relacionamento, de um conflito, ou ainda de uma contradição interior	3-4
Leonardo, ou Ideal e Realidade	Perspectivas ou tendências de uma situação ou perguntas de autoanálise	4
O Jogo do Louco	Determinação do ponto de evolução	4
O Jogo dos Parceiros	Situação de um relacionamento	1
O Jogo dos Planetas	Descrição de uma pessoa ou experiência pessoal	4-5
O Jogo do Plano	Possibilidades de alcançar um objetivo	2
A Estrela	Descrição de uma situação e sua evolução	3

Sistema de disposição	Próprio para perguntas sobre	Grau de dificuldade
O Jogo da Escada	Exigências e perspectivas de um empreendimento	3
A Porta	A próxima "porta" diante da qual nos veremos	4
O Caminho	Sugestão para o que devemos fazer	3
A Fórmula Mágica dos Ciganos	Descrição e perspectivas de uma situação	2

O caminho desde a pergunta até o sistema correto de disposição das cartas[16]

Faça um teste para verificar em qual das categorias abaixo se enquadra a sua pergunta; em seguida, consulte o segmento correspondente (A, B, C, D ou E).

Perguntas sobre as tendências, perspectivas ou causas de determinada situação
⇒ Consulte o segmento A

Perguntas sobre decisões ou sobre o modo correto de se comportar
⇒ Consulte o segmento B

Perguntas sobre relacionamentos amorosos em geral e perguntas referentes à profissão e à vida familiar
⇒ Consulte o segmento C

---

[16] A determinação do grau entre parênteses depois dos sistemas de disposição das cartas (º) mostra o grau de dificuldade desde 1 = muito fácil até 5 = muito difícil.

Perguntas sobre perspectivas gerais
⇒ Consulte o segmento D

Perguntas sobre a posição e as experiências pessoais
⇒ Consulte o segmento E

A – Perguntas sobre as tendências, perspectivas ou causas de determinada situação

Uma sugestão associada a um conselho
A Cruz (1º)
O Jogo da Crise (2º)
O Jogo do Plano (2º)

Perspectivas e o âmbito de uma situação
A Cruz Celta (2º)
Leonardo, ou Ideal e Realidade (4º)
A Estrela (3º)
A Porta (4º)

Causas originais, motivos subjacentes e perspectivas de uma situação
O Segredo da Sacerdotisa (3º)
Ankh (4º)

A posição alcançada durante o desenvolvimento
O Jogo do Louco (4º)

B – Perguntas sobre decisões ou perguntas sobre o modo correto de se comportar

Em caso de decisões fáceis
A Cruz (1º)

Em caso de decisões mais abrangentes ou que produzam efeitos em longo prazo
O Jogo da Decisão (2-3º)

Sugestão para os modos corretos de se comportar
A Cruz (1º)
O Jogo do Plano (2º)
O Jogo da Escada (3º)
O Caminho (3º)

C – Perguntas sobre relacionamentos amorosos em geral e perguntas referentes à profissão e à vida familiar

Pergunta sobre a situação de um relacionamento quando apenas um dos interessados está presente
O Jogo do Relacionamento (2º)
A Lemniscata ∞ (3-4º)

Pergunta sobre a situação de um relacionamento quando ambas as partes interessadas estão presentes
O Jogo do Relacionamento (1º)

Perspectivas de um relacionamento já existente ou perspectivas de ter um relacionamento
A Cruz Celta (2º)
Leonardo, ou Ideal e Realidade (4º)
O Jogo do Plano (2º)

Sugestões para o modo correto de se comportar
a) ao lidar com outra pessoa
b) ao tentar encontrar um novo parceiro

O Jogo do Plano (2º)
O Jogo da Escada (3º)
O Caminho (3º)

Descrição de outra pessoa
O Jogo dos Planetas (4-5º)

D – Perguntas sobre perspectivas gerais sem um questionamento específico

Perspectivas em vários aspectos da vida durante o espaço de tempo determinado pelo consulente
A Mandala Astrológica (4-5º)

Visão geral
O Segredo da Sacerdotisa (3º)
A Cruz Celta (2º)
A Fórmula Mágica dos Ciganos (2º)

Descrição da próxima experiência mais importante
A Porta (4º)

E – Perguntas sobre a posição e experiências pessoais

O Ponto Cego (3º)
A Descida de Inanna ao Mundo Inferior (5º)
A Lemniscata (3-4º)
Leonardo, ou Ideal e Realidade (4º)
O Jogo do Louco (4º)
O Jogo dos Planetas (4-5º)

Embaralhar, tirar e dispor as cartas

Depois que você decidiu qual dos sistemas de dispor as cartas (ver o capítulo anterior) vai utilizar, chegou a vez de embaralhá-las. Apenas no caso de desejar interpretar também "cartas invertidas" é importante embaralhar as cartas bem esparramadas no chão ou sobre a mesa, com ambas as mãos. Em todos os outros casos, o tipo e a exatidão do embaralhamento são menos importantes.

Com as cartas cobertas (com a face para baixo), forme um grande leque. Primeiro, verifique de quantas cartas vai precisar para o sistema de disposição que escolheu. Em seguida, escolha-as com a mão esquerda, retirando-as da formação em leque e colocando-as uma por cima da outra, sem virá-las.

Quando tiver escolhido todas as cartas necessárias, deixe as restantes de lado. Em seguida, vire as cartas na sequência em que as escolheu (portanto, primeiro a que está embaixo do monte) e coloque-as sequencialmente, segundo o modelo correspondente selecionado, o qual você pode verificar na ilustração.

A Interpretação

De cada carta isolada

Ao começar a interpretação, é necessário primeiro ligar o significado especial da carta ao significado do aspecto relativo à pergunta. O significado do aspecto está na descrição dos sistemas de disposição. O significado da carta difere conforme o objetivo da pergunta. Em "Palavras-Chave para a Interpretação", estão enumerados os mais diversos significados das cartas nos mais importantes aspectos da vida humana (ver p. 109). Em cada caso, convém ler as palavras-chave gerais para melhor entender o tema da carta. É necessário também levar em consideração o lado relativo à sombra. Em seguida, escolha uma palavra-chave especial para o aspecto referente à sua pergunta e faça uma ligação dessa palavra-chave com o significado do aspecto mostrado pela carta.

É bastante frequente que, nesse ponto do jogo, ainda haja muitas afirmações confusas, demasiado sutis ou pouco compreensíveis. Não permita que isso o perturbe e não se detenha. Passe, simplesmente, à carta seguinte. Via de regra, quando fizer a interpretação geral, verá que essa carta também se tornará mais bem compreendida.

Cartas invertidas

Muitos leitores ainda dão um significado adicional às cartas quando a sua posição está invertida. Você encontrará o significado correspondente na parte relativa à interpretação, devidamente assinalada com a rubrica "invertida". Pessoalmente, não faço essa diferenciação; simplesmente, viro as cartas para a posição normal. Faça você mesmo as suas experiências; convém, contudo, decidir sempre *antes* de iniciar a disposição das cartas, ou seja, *antes* de tirar ou pedir que se tirem as cartas do monte, você deve decidir se deseja verificar o seu significado caso estejam invertidas, ou se dará preferência a simplesmente colocá-las na posição normal. Caso prefira interpretá-las usando o significado "invertido", deverá espalhar as cartas, sobre a mesa ou no chão, para que possam ser muito bem misturadas.

Visão conjunta

No final de cada interpretação, temos uma visão conjunta. Nesse sentido, deve-se transformar todas as afirmações isoladas feitas até então numa interpretação única. Isso, todavia, não quer dizer que essa interpretação não possa conter divergências ou contradições. Nossa vida – e, consequentemente, também as cartas – é, com muita frequência, bastante controvertida. Acontece que a sua interpretação não deve ser uma obra malfeita, mas algo que contenha uma síntese do jogo. É preciso deixar que as estações isoladas amadureçam, formando uma história repleta de sentido.

Em alguns sistemas de disposição, convém interpretar as cartas segundo uma sequência determinada, ou então prestar atenção a correspondências específicas. Nesses casos, você encontrará sugestões muito úteis à interpretação, detalhadas na descrição de cada um dos sistemas.

A quintessência

Se desejar mais uma afirmação para encerrar a consulta – por exemplo, sobre como o consulente deve agir tendo em vista a temática abordada –, é o momento de verificar a quintessência. Para obtê-la, some os números de todas as cartas tiradas, prestando atenção à seguinte recomendação: todas as Cartas da Corte (ou seja, Rei, Rainha, Cavaleiro e Valete) valem 0 (zero), todos os Ases valem 1, a carta da Justiça vale 8 (em vez de 11) e a carta da Força vale 11 (em vez de 8).

Caso a soma resulte um número maior do que 22, prossiga com a redução a redução, ou seja, a soma dos algarismos de um número,[17] até obter um número entre 1 e 22. A carta dos Arcanos Maiores que corresponde ao número obtido lhe dará a indicação do comportamento correto. Se, no entanto, a quintessência resultante ainda deixar dúvidas quanto ao significado, você poderá chegar à temática subjacente fazendo uma nova avaliação dos algarismos que compõem a soma. Por exemplo, na nota de rodapé, 14 = calma (que corresponde ao Arcano Maior "a Temperança") é o primeiro passo importante, que deve levar ao 5 = confiança no sentido profundo (correspondendo ao 5º Arcano Maior, o Hierofante). Se você obtiver desde o início um número de um só algarismo, ou se chegar a ele somando todos os algarismos do número, a afirmação da quintessência corresponde à carta relativa ao último número encontrado.

---

[17] A redução se obtém somando todos os algarismos do número. Por exemplo, a redução de 365 é 3 + 6 + 5 = 14, e a nova redução deste resultado será, então: 1 + 4 = 5.

Os Sistemas de Disposição

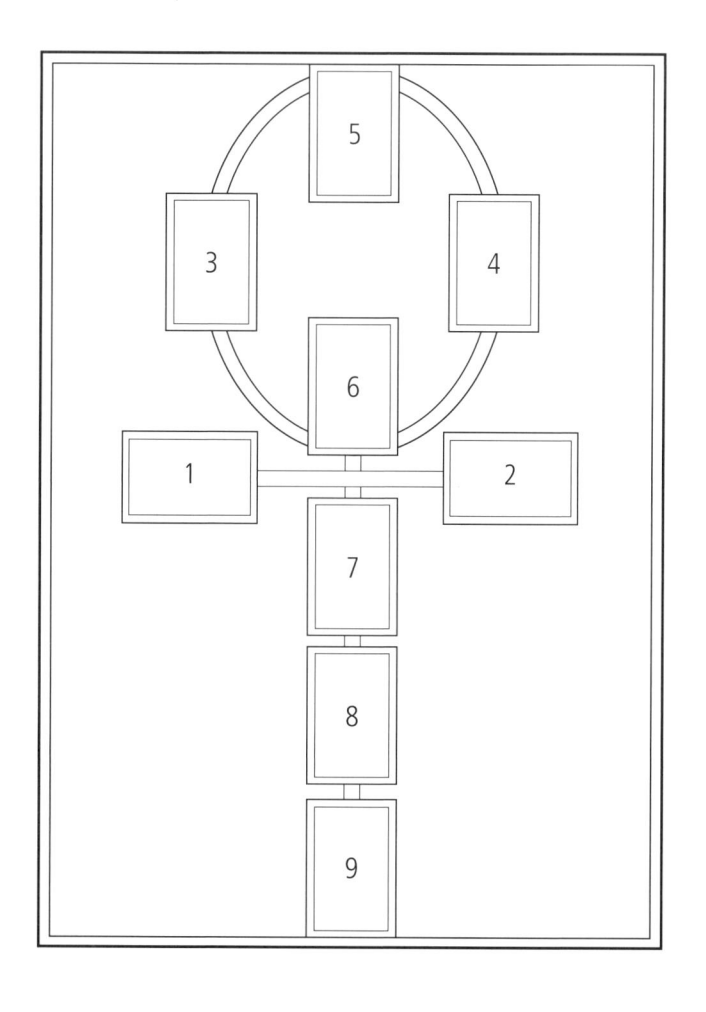

1º Sistema de disposição: O Ankh

Afirmação: Causas, motivos ocultos e perspectivas
Grau de dificuldade: 4
Cartas a serem tiradas: 9
Perguntas típicas: Qual é a causa da minha crise (doença, problemas etc.) e quais são as minhas perspectivas?

Este sistema de disposição de cartas se fundamenta no antigo símbolo egípcio da cruz ansata, o sinal da vida "Ankh". Compõe-se de um círculo e de uma cruz. Correspondendo ao significado do círculo, as cartas que o formam dão uma resposta acerca do segundo plano espiritual e das causas mais profundas do problema, enquanto as cartas que formam a cruz mostram a expressão concreta do problema e as perspectivas com que o consulente pode contar.

Ao todo, são escolhidas nove cartas. Elas têm o seguinte significado:

1 + 2 = dois impulsos, energias e posturas contraditórias, que se bloqueiam[18]
3 = causas anteriores
4 = causa que provocou o evento
5 = conhecimento mais elevado
6 = consequência necessária

Pressupondo-se que a pessoa tenha o conhecimento (5) e tenha entendido as consequências (6), a interpretação continua da seguinte maneira:

---

[18] Naturalmente, isso só vale quando este método de disposição de cartas – segundo a regra geral – é usado para perguntas sobre a causa original de uma crise. Se você perguntar o motivo que está por trás de uma experiência feliz, essas duas cartas mostram o que se completa harmoniosamente.

7 = o próximo passo
8 = uma experiência surpreendente
9 = o resultado

2º Sistema de disposição: A Mandala Astrológica

Afirmação:	Descrição do momento presente e perspectiva
Grau de dificuldade:	4-5
Cartas a serem tiradas:	12
Perguntas típicas:	Onde estou? Quais são as experiências e acontecimentos essenciais que me esperam no próximo mês? No ano tal? – e assim por diante. (Se não se estabelecerem limites de tempo, as cartas representam o presente e o futuro imediato.)

A Mandala Astrológica funciona melhor do que qualquer outro sistema para dar uma descrição detalhada de uma situação. Na verdade, as cartas permitem ver a verdade dos doze aspectos da nossa vida. Justamente por isso, este é o sistema de disposição que serve para iniciar uma consulta exaustiva às cartas. Os aspectos levantados por esse jogo podem, finalmente, ser mais bem investigados com a ajuda de outros sistemas de disposição adequados para cada caso.

As cartas são posicionadas em círculo, cada uma correspondendo a um dos doze campos do horóscopo. O significado de cada aspecto é como segue:[19]

---

[19] O profundo significado que estas Casas têm para a Astrologia tem de ser minimizado, aqui, para que haja afirmações compreensíveis. Trata-se, entretanto, de sugestões. Você pode redefinir o significado de cada Casa a qualquer momento, embora seja preferível fazer essa mudança antes que a carta seja escolhida.

1 = *Disposição essencial*: representa o modo como são aceitas as experiências feitas em todos os demais aspectos.
2 = *Finanças*: segurança; modo de lidar com o dinheiro; lucros e perdas.
3 = *Experiências do dia a dia*: assuntos que ocupam a maior parte da nossa vida.
4 = *O lar*: o lugar em que nos sentimos seguros, no qual sabemos que estão nossas raízes; o colo que desejamos quando nos sentimos ameaçados pelos perigos do mundo exterior.

5 = *Tudo o que dá prazer*: jogos e divertimentos de todo tipo: jogos infantis, especulações financeiras, o jogo amoroso (este só se torna sério no aspecto 7), os passatempos.

6 = *O trabalho*: a tarefa imediata, o tipo de trabalho, o método que adotamos no trabalho, a rotina profissional, o conteúdo do trabalho.

7 = *A parceria*: os relacionamentos, o casamento, uma ligação amorosa duradoura.

8 = *O aspecto dos motivos subjacentes*: todos os tabus – e o rompimento de tabus –, especialmente a sexualidade, mas também experiências profundas, de caráter interno.[20]

9 = *Conhecimento superior*: ampliação dos horizontes através de jornadas interiores e exteriores, convicções, conhecimentos e filosofia de vida, crenças religiosas bem como as motivações e "bons propósitos" resultantes.

10 = *Reconhecimento público*: especialmente o sucesso profissional e o futuro nesse campo a ele associado.

11 = *Os amigos*: amizades; as amizades que giram em torno de ideais comuns, experiências de grupo e hospitalidade.

12 = *Esperanças e medos secretos*: desejos e temores, que podem relacionar-se com um ou com vários aspectos desse círculo.

Modo de proceder durante a interpretação

Para chegar à afirmação geral, primeiro você deve interpretar cada uma das cartas segundo o lugar que ocupam no círculo. Ao fazer esta primeira leitura, muitas afirmações ainda são vagas ou confusas. Para

---

[20] Se essa interpretação for pouco compreensível ou íntima demais para você, também poderá dar a este aspecto o significado de "As crises e sua superação".

finalizar, portanto, examine as seguintes posições procurando pelas possíveis correspondências, o que fará com que tenha em mãos uma interpretação com mais conteúdo:

Os eixos principais:
Casa 1 e Casa 7   A temática do eu/você
Casa 4 e Casa 10   O "de onde" e o "para onde"

Os elementos das Casas (eu também os chamo de trígonos)
Casas 1, 5 e 9   O Trígono do Fogo: com frequência nos revela algo sobre o temperamento e os ideais.
Casas 2, 6 e 10   O Trígono da Terra: corresponde ao mundo do dinheiro e do trabalho.
Casas 3, 7 e 11   O Trígono do Ar: o âmbito das ideias, dos pensamentos, dos contatos e das conversas.
Casas 4, 8 e 12   O Trígono da Água: representa os sentimentos, a intuição, os anseios e os estados de humor.

Não é em todos os casos que esta primeira visão geral leva a uma única afirmação. Pode acontecer de não haver correlações significativas com as interpretações de cada casa isolada. Não se atormente por isso e passe à próxima etapa.

Outras associações:
Ocorrem com frequência entre a Casa 5 (flertes, casos afetivos e ligações profanas), a Casa 7 (relacionamento, casamento) e a Casa 8 (sexualidade), que podem refletir correspondências.

Muitas vezes também podemos explicar as esperanças e os temores da Casa 12 observando-se a disposição essencial dada pela Casa 1.

Para encerrar a consulta, transforme as várias afirmações num quadro geral e revele ao consulente a quintessência do jogo.

3º Sistema de disposição: O Jogo do Relacionamento

Afirmação: Estado do relacionamento entre duas pessoas
Grau de dificuldade: 2
Cartas a serem tiradas: 7
Pergunta típica: Como anda o meu relacionamento com X, Y, Z?

Este jogo revela como está o relacionamento entre duas pessoas. Via de regra, ele é feito para se verificar o que há por trás de um relacionamento amoroso, embora também possa ser utilizado para analisar qualquer tipo de relacionamento entre seres humanos, tanto na vida profissional como com relação aos vizinhos ou no âmbito familiar. Tiram-se ao todo sete cartas.

A interpretação

1 = O significador mostra a situação em que o relacionamento se encontra, o tema que rege o relacionamento.

A coluna da esquerda (7, 6, 5) representa o consulente; a coluna da direita (2, 3, 4) representa o parceiro.

7 + 2 = Estas duas cartas superiores mostram o âmbito consciente no qual os parceiros se encontram. Trata-se do que cada um deles pensa, da intenção de cada parceiro e do valor que cada um conscientemente dá à relação.

6 + 3 = As cartas na posição intermediária representam o aspecto espiritual do relacionamento, revelando o que cada membro traz no coração, o que cada um sente, pensa, deseja ou teme.

5 + 4 = As cartas colocadas embaixo representam a aparência exterior, ou seja, a postura adotada no mundo exterior, mais precisamente a "fachada" que cada parceiro exibe como se fosse uma máscara – independentemente dos pensamentos que possa estar alimentando em segundo plano (no âmbito superior, 7 + 2) e no âmbito sentimental (intermediário, 6 + 3).

A interpretação das *Cartas da Corte* deve merecer uma atenção especial neste jogo.

Reis e Rainhas sempre representam homens e mulheres.

Se uma carta com figura de sexo oposto ao do consulente cair numa das duas colunas, isso, via de regra, dá uma indicação de que a pessoa em questão tem de se relacionar com outra no correspondente aspecto da vida.

Se a carta numa das colunas tiver uma figura com o mesmo sexo do consulente, ela é menos específica, embora, eventualmente, possa indicar que há preocupação com o fato de o parceiro vir a se interessar por uma terceira pessoa que tenha os traços de caráter indicados pela carta. Ao menos, isso é bem provável quando a carta cai no 1º ou no 2º âmbitos. Ao contrário, a carta no 3º âmbito mostra o comportamento do(a) parceiro(a) na vida exterior. Isso também pode valer para as Cartas da Corte do mesmo sexo que o do consulente que caírem no 1º e no 2º âmbitos. Um Rei ou Rainha, como *significadores*, indicam que uma pessoa com essas características passou, por certo, a participar do relacionamento, ou – e, infelizmente, eu não sei como explicar o fato – ela, nesse ponto, vale tanto como nada.

Como de costume, os *Cavaleiros* simbolizam estados de humor e, assim sendo, são interpretados como nos outros jogos.

Valetes representam impulsos que vêm de fora. Infelizmente, também neste caso a interpretação não é unilateral. Ou a carta mostra o que uma pessoa quer da outra (âmbito mais elevado), aquilo pelo que anseia (âmbito intermediário), o que recebe da outra (âmbito inferior), ou, então, significa que há possibilidades para ela fora desse relacionamento. Isso é especialmente válido quando o Valete aparece no âmbito inferior.

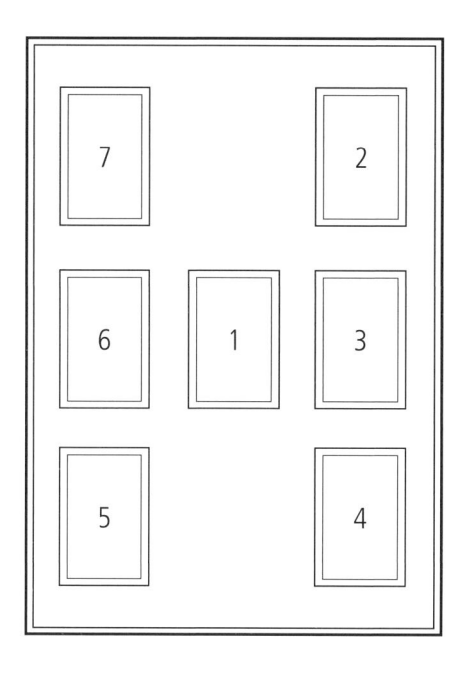

Como *significador*, o Valete indica que o relacionamento recebe um impulso vindo de fora (de acordo com o elemento). Via de regra, trata-se de uma experiência enriquecedora.

4º Sistema de disposição: O Ponto Cego

Afirmação: Jogo de experiência pessoal
Grau de dificuldade: 3
Cartas a serem tiradas: 4
Perguntas típicas: No caso de um jogo destinado à autoanálise, não se exigem perguntas.

O jogo que se segue foi derivado por mim do esquema conhecido na psicologia como "Espelho de Johari".[21] Ele nos mostra como a visão que temos de nós mesmos difere do modo como os outros nos veem. Para verificar isso, temos de escolher quatro cartas.

O significado dos âmbitos isolados é como segue:

> 1 = Identidade pessoal. No âmbito de assuntos dessa carta, tomamos conhecimento de nós mesmos tal como os outros nos veem.
>
> 2 = O grande desconhecido. Processos e forças impulsivas inconscientes, as quais, por certo, são muito eficientes, sem que nós mesmos ou os outros as percebamos, embora atuem em nós.

> 3 = A sombra, o que está oculto. Coisas essenciais que na verdade conhecemos, mas escondemos aos olhos dos outros. Autopercepção.

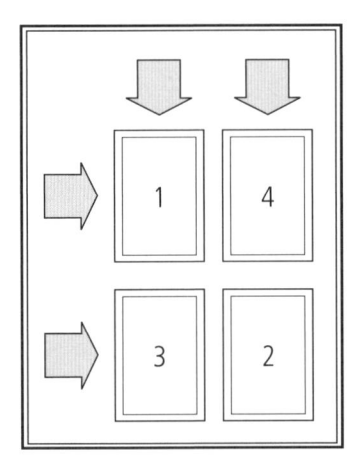

---

[21] J. Luft. *Einführung in die Gruppendynamik* [Introdução à Dinâmica de Grupo]. Stuttgart, 1971.

4 = O ponto cego. Modo de comportamento que os outros reconhecem que temos, sem que saibamos que nos comportamos assim. Percepção alheia.

Para melhor compreender os significados isolados, eis uma visão geral do jogo:

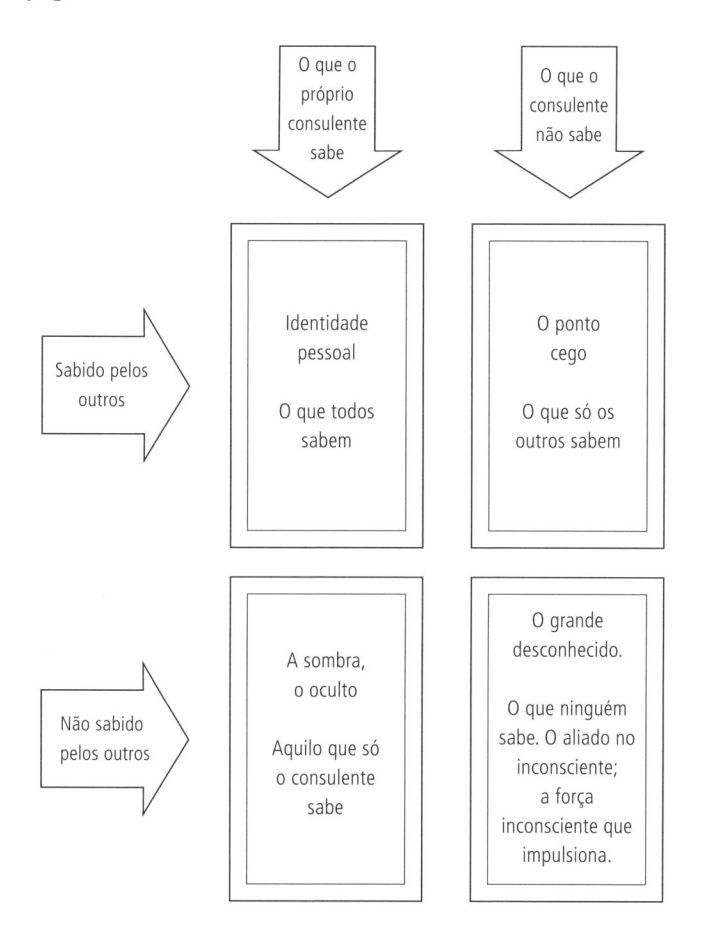

	O que o próprio consulente sabe	O que o consulente não sabe
Sabido pelos outros	Identidade pessoal O que todos sabem	O ponto cego O que só os outros sabem
Não sabido pelos outros	A sombra, o oculto Aquilo que só o consulente sabe	O grande desconhecido. O que ninguém sabe. O aliado no inconsciente; a força inconsciente que impulsiona.

5º Sistema de disposição: O Jogo da Decisão

Afirmação: Sugestão para uma pergunta decisiva
Grau de dificuldade: 2-3
Cartas a serem tiradas: 7

Perguntas típicas: Qual deve ser a minha decisão? O que acontecerá se eu fizer X, e o que acontecerá se eu não fizer X?

As cartas não podem assumir uma responsabilidade que é nossa; podem apenas esclarecer o alcance dos assuntos relacionados com a pergunta. Consequentemente, o Jogo da Decisão que apresentamos aqui não se presta para perguntas que só podem ser respondidas com "sim" ou "não". A experiência nos mostrou, todavia, que em situações nas quais é necessário tomar uma decisão, ele é de grande utilidade.

O consulente escolhe sete cartas, que devem ser dispostas da seguinte maneira:[22]

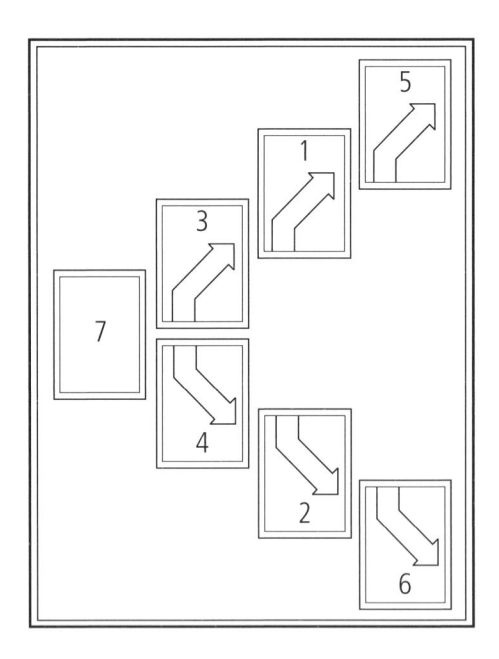

---

[22] Se você já conhece este jogo de meus outros livros, vai se surpreender com a disposição que apresento aqui. Só modifiquei o tipo de disposição quanto ao aspecto visual, para deixar as alternativas mais claras. O significado de cada carta, na sequência em que forem tiradas, continua igual.

A interpretação

7 = O significador. Ele dá uma apresentação literal do segundo plano relativo à pergunta, do problema, ou também a posição adotada pelo consulente diante da decisão.

3, 1, 5 = Estas cartas mostram, nesta sequência cronológica (3-1-5), o que acontece se ele fizer X.

4, 2, 6 = Estas cartas mostram, nesta sequência cronológica (4-2-6), o que acontece se ele não fizer X.

Características especiais dos Arcanos Maiores VI, X, XVII, XX e XXI no Jogo da Decisão:

1. Se for escolhida a *carta dos Enamorados* (VI), isso indica que a decisão provavelmente já foi tomada a favor do lado em que a carta se encontra.
2. A *Roda da Fortuna* (X) mostra que o consulente está tão limitado na sua liberdade de decisão que o assunto – mesmo contra a sua vontade – se desenvolverá na direção indicada pelo lado em que a carta se encontrar.
3. O *Mundo* (XXI) mostra o lugar "ao qual o consulente pertence". Como, no verdadeiro sentido, esse é o seu verdadeiro lugar, em todo caso, deve-se dar preferência a esse lado. Mesmo se eventualmente tiverem de ser consideradas também cartas adicionais negativas. O mesmo é válido para:
4. A *Estrela* (XVII), pois aí está o seu futuro, e para
5. O *Julgamento* (XX), pois é aí que ele vai descobrir o seu tesouro.

6º Sistema de disposição: O Segredo da Sacerdotisa

Afirmação:	Desenvolvimento da trama e plano subjacente
Grau de dificuldade:	3
Cartas a serem tiradas:	9
Perguntas típicas:	Como se desenvolverá o meu empreendimento? Como vai se desenrolar a minha vida profissional?

Desenvolvi esse sistema de disposição de cartas a partir da carta da Sacerdotisa, da forma como ela é apresentada no Tarô Waite-Smith. O que mais fascina, neste jogo, é o fato de ele não só mostrar a trama esperada, mas também, ocasionalmente, nos dar uma resposta à irritante pergunta "por quê?", "Por que isso acontece comigo?", "Por que isso teve de acontecer?".

O segredo da tríplice deusa da Lua se compõe de nove cartas. Elas são dispostas como símbolos principais, de acordo com o seguinte esquema:

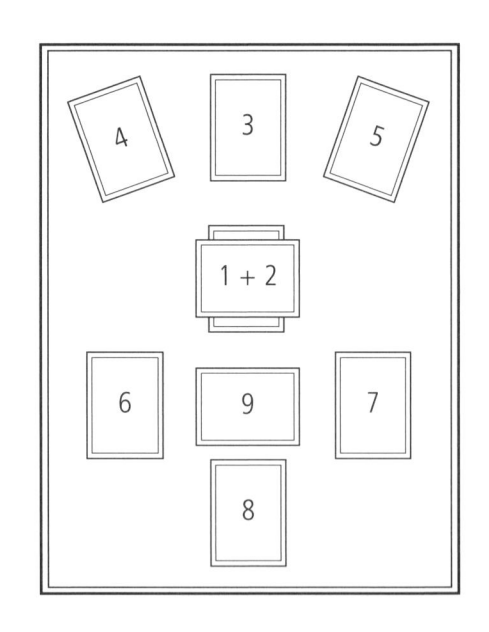

1 + 2 = A cruz no peito da Sacerdotisa mostra o assunto do qual se trata, na forma de dois impulsos principais que podem contradizer-se ou reforçar-se mutuamente. (É isso mesmo. Há um impedimento.)

4 + 3 + 5 = As cartas referentes às três fases da Lua na sua coroa mostram as forças que influem sobre o assunto:

3 = A Lua cheia representa a influência principal em ação no momento.

4 = A Lua crescente é uma força cuja influência está aumentando.

5 = A Lua minguante mostra uma influência que está perdendo a força.

As duas colunas ao seu lado representam:

6 = O que está escuro, ou seja, o que existe, mas ainda não é percebido conscientemente e que, no entanto, talvez já seja pressentido ou temido.

7 = O que está na luz, ou seja, o que é claramente reconhecido e também apreciado.

A barca da Lua a seus pés mostra:

8 = O destino da viagem, o acontecimento que vem logo a seguir.

A 9ª carta, com o livro da sabedoria secreta em seu colo, primeiro é disposta com a face virada para baixo. Somente quando todas as outras cartas forem interpretadas, essa carta deve ser considerada. Se sair um Arcano Maior, isso é sinal de que a Sacerdotisa revelará o seu segredo; vira-se a carta e ela fica nessa posição. Ela nos diz então algo acerca dos motivos mais profundos que levam a pessoa a agir, o "porquê" e o "para quê". Mas, se não for um Arcano Maior, a carta continuará com a face virada para baixo. Nesse caso, a Sacerdotisa guardou o segredo para si mesma. A 9ª carta deixa de ter qualquer significado. Todas as outras cartas, no entanto, mantêm a validade.

Modo de proceder durante a interpretação

Comece com os dois impulsos principais, as posições 1 e 2. A seguir, interprete as influências na ordem cronológica 5, 3, 4. Depois disso, avalie o lado consciente (7), antes de passar para o lado inconsciente (6), e, logo depois, para a carta das perspectivas (8). Faça uma síntese da natureza do futuro que as cartas 4 (influências futuras), 6 (ainda inconscientes, porém depois conscientes) e 8 (perspectivas em longo prazo) apresentam, antes de virar e interpretar a nona e última carta.

7º Sistema de disposição: A descida de Inanna ao Mundo Inferior

Afirmação:	Jogo destinado à experiência pessoal
Grau de dificuldade:	5
Cartas a serem tiradas:	15
Perguntas típicas:	Como se trata de um jogo de autoanálise, não são necessárias perguntas.

Um dos mais espetaculares mitos nos foi legado pelos sumérios. Ele narra a mais antiga e conhecida história de uma jornada ao Mundo Inferior e, ao mesmo tempo, é o primeiro mito conhecido sobre a ressurreição.

Inanna, rainha do céu, da cidadela onde nasce o Sol, desce do Grande Alto a fim de visitar sua irmã mais velha e amargurada inimiga,

Ereshkigal, a misteriosa rainha do Grande Embaixo, na terra de onde não se pode retornar.

Antes de partir, ela se enfeita, vestindo os trajes imperiais e colocando suas joias. Dá instruções ao seu vizir, Ninshubur (o vizir das sábias palavras, seu cavaleiro das palavras da verdade); no caso de ela não retornar depois de três dias, ele deverá organizar harmonicamente os gritos de dor junto às ruínas. Depois disso, ele deverá pedir ajuda ao majestoso deus Enlil, em Nippur; caso este lhe negue ajuda, o vizir terá de pedi-la ao deus da Lua, Nanna, em Ur; caso este também se recuse a ajudá-lo, deverá dirigir-se ao deus da sabedoria, Enki, em Eridu, pois com essa ajuda poderá contar.

Logo a seguir, Inanna vai à montanha feita de lápis-lazúli, o portal do Mundo Inferior, e solicita entrada ao porteiro Neti. Assim que este entende que a Rainha do Grande Alto quer entrar no Mundo Inferior pergunta, confuso: "Se és a rainha do céu, da cidadela onde nasce o Sol, por que, em nome dos céus, vieste à região de onde não há retorno?"

Diante dessa pergunta, Inanna confessa que deseja participar do funeral de Gugallanna, o falecido marido de sua irmã mais velha, Ereshkigal.

Neti fica visivelmente atrapalhado e pede a Inanna que espere um pouco. Corre até sua rainha, Ereshkigal, para ouvir o que esta decide fazer. A misteriosa rainha do Grande Embaixo fica terrivelmente nervosa ao ouvir a notícia da visita de sua luminosa irmã (tão enfurecida, de fato, que morde a própria coxa, de raiva). Apesar disso, ela diz a Neti que deixe Inanna entrar. Mas, como todos os mortais comuns, ela terá de entregar todas as suas roupas e joias, parte por parte, em cada um dos sete portais do Mundo Inferior, até que, afinal, entre nua e curvada no aposento em que Ereshkigal, rainha das profundezas, a espera, juntamente com os annunaki, os temidos sete juízes do submundo, que decidem sobre o destino dos recém-chegados. Eles dirigem o olhar da morte para Inanna – e ela morre.

Seu confiável vizir, Ninshubur, seu fiel aliado no céu, cumpre rigorosamente as instruções da patroa. Eleva os gritos de dor junto às ruínas e, logo depois, pede ajuda aos deuses, na ordem recomendada; primeiro, ao grande deus Enlil, em Nippur; depois, à deusa da Lua, Nanna, em Ur; e, finalmente, ao bondoso deus da sabedoria, Enki, em Eridu. Quando Enki ouve o que aconteceu com sua amada Inanna, ele cria – por meio da sujeira que tem embaixo das unhas – duas criaturas assexuadas, Kurgarru e Kulaturru, que são mandadas ao mundo inferior com o alimento e a água da vida.

Kurgarru e Kulaturru conquistam a simpatia da rainha do Grande Embaixo e, com isso, a permissão de despertar Inanna para uma nova vida. Inanna, depois de renascer, abandona o reino das profundezas. Todavia, não há exceção à regra nessa terra: ninguém que tenha atravessado o portal do mundo inferior poderá voltar ao país da luz sem deixar um representante, que terá de ficar no reino dos mortos em seu lugar. Como a regra vale também para ela, Inanna parte seguida por uma horda de seres demoníacos horrorosos que têm a incumbência de aprisionar e levar consigo o condenado ao mundo inferior. Em sua busca por uma vítima apropriada, Inanna percorre os países, e todos os seres vivos que encontra fogem assustados, tanto por sua causa como devido aos demônios que a acompanham. Quando chega ao lar, ela vê, com grande raiva, que seu filho e amante, Dumuzi, visivelmente não sentiu a sua falta, instalando-se, além disso, confortavelmente, em seu trono. É sobre ele que Inanna lança o olhar da morte: os demônios caem sobre a sua presa e arrastam a atemorizada vítima, que suplica por ajuda e perdão, ao escuro e sombrio reino dos mortos.

Eis aí o mito que é narrado, com mais detalhes, no livro, infelizmente esgotado, *Die Geschichte beginnt mit Sumer* [A História começa com a Suméria].[23] Dele eu retirei as etapas que apresento a seguir e interpretei-as segundo o meu entendimento:

---

[23] Samuel Noah Krames. *Die Geschichte beginnt mit Sumer* [A História começa com a Suméria]. Büchergilde Gutenberg. Frankfurt/Meno.

        1 = Inanna, rainha do céu
        2 = Neti, porteiro-mor do mundo inferior
de 3 a 9 = Os sete portais do Mundo Inferior, onde Inanna teve de deixar as joias e trajes que havia vestido. Isoladamente, são:
           1. A Schugurra, a coroa do plano
           2. O bastão de medição de lápis-lazúli e a fita métrica
           3. O colar de lápis-lazúli ao redor do seu pescoço
           4. As pedras Numuz sobre seu peito
           5. O anel de ouro em sua mão
           6. O escudo peitoral: "Venha, homem, venha"
           7. As vestes imperiais
    10 = Ereshkigal, rainha do mundo inferior
    11 = Ninshubur, o vizir de Inanna
    12 = O alimento da vida
    13 = A água da vida
    14 = Inanna ressuscitada
    15 = Dumuzi, a vítima destinada ao Mundo Inferior

Joga-se com 15 cartas; 15 é o número da Lua cheia, Ishtar, a sucessora babilônica de Inanna, que venerava a Lua. Antes do jogo, as cartas dos Arcanos Maiores são separadas das dos Arcanos Menores. O consulente tira cinco cartas dos Arcanos Maiores e dez dos Arcanos Menores. As posições determinadas na ilustração com algarismos romanos devem ser cobertas com as cartas dos Arcanos Maiores, ao passo que as cartas dos Arcanos Menores devem ser colocadas nos lugares marcados com números arábicos.

A mensagem deste mito, que eu gostaria de reproduzir aqui, diz o seguinte: A caminho do Mundo Inferior, Inanna tem de desistir de muitas coisas que até aquele momento haviam sido muito importantes e valiosas para ela. Curvada e completamente nua, ela encontra ali o seu lado sombra. Nesse encontro, ela morre. Isso significa que sua antiga identidade se desfez. Com a ajuda de seu aliado, ela desperta para uma nova vida e volta ao mundo luminoso como uma nova Inanna. Por desistir de sua velha identidade e por solucionar o seu lado sombrio, ela tornou-se totalmente nova, inteira e sã. Para tanto, ela ainda tem de fazer um sacrifício (de gratidão) ao chegar ao Mundo Superior, na medida em que (temporariamente) renuncia a algo a que dá importância.

Diante deste plano subjacente, é assim que interpreto as cartas:

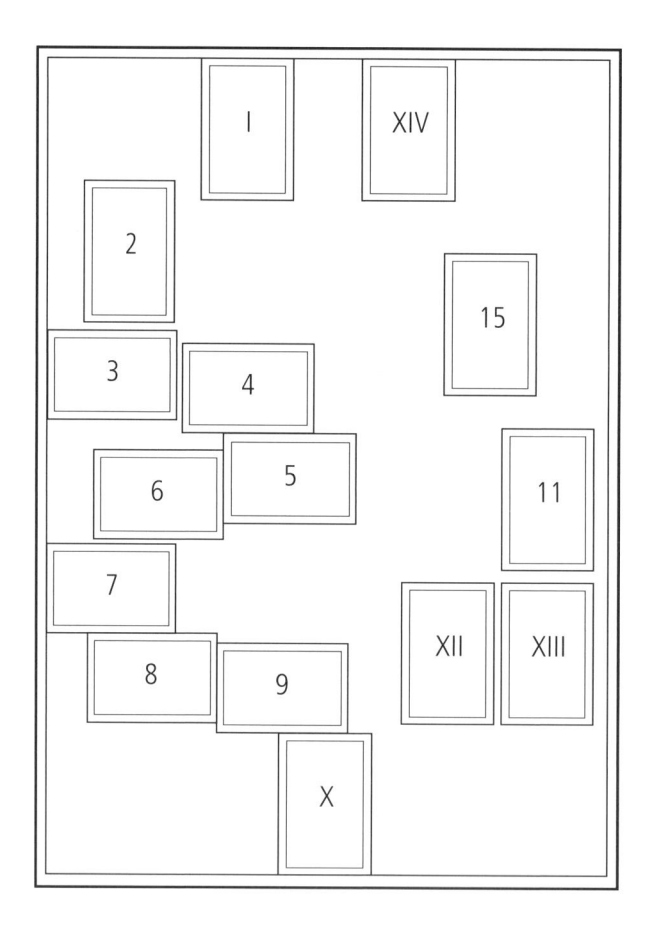

I = O (pretenso) lado da luz, que, só depois do encontro com o lado da sombra e de sua aceitação (X), torna-se um todo e fica são.

> 2 = A recepção diante do portal do Mundo Inferior.
> 3 – 9 = Os bens, os modos de comportamento, os hábitos, os desejos, as perspectivas etc. dos quais se tem de desistir.[24]
> X = O lado da sombra, que deve ser solucionado, a irmã misteriosa, o ouro negro, que tem de ser elevado.

O encontro de Inanna (I) e de Ereshkigal (X) significa a morte da antiga identificação com o eu (nenhuma carta).

> 11 = A força que auxilia, o aliado no mundo superior.
> XII = A primeira força reanimadora.
> XIII = A segunda força reanimadora.
> XIV = A recém-adquirida identidade.
> 15 = A vítima. Literalmente, aquilo a que se tem de renunciar, temporariamente: Dumuzi é o deus da primavera, o deus do ano crescente, que todos os anos tem de ser sacrificado no outono e que renasce na primavera.

Modo de proceder durante a interpretação

A chave para a interpretação deste jogo de autoconhecimento, muitas vezes dificílimo, está em compreender as cartas nas posições I, X e XIV. Permita que essas cartas atuem sobre você por tanto tempo quanto seja necessário para compreender onde está a oposição entre o luminoso lado da carta na posição I e o escuro lado da carta na posição X, e até compreender como a união de opostos ocorre na carta XIV. Só então você deve interpretar as cartas descendentes de 2 a 9 e, para concluir, o caminho ascendente.

---

[24] Quando neste ponto surgirem reis e rainhas, isso significa que o consulente deve livrar-se da influência dessas pessoas e, respectivamente, desistir da fixação do eu, no caso de a carta representá-lo.

8º Sistema de disposição: A Cruz Celta

Afirmação: Jogo universal, especialmente quanto ao desenvolvimento dos acontecimentos

Grau de dificuldade: 2

Cartas a serem tiradas: 10

Perguntas típicas: Como se desenvolverá o meu empreendimento? Como ele continuará? O que acontecerá na minha profissão?
Esse sistema de dispor as cartas serve para todo tipo de pergunta.

A disposição de cartas mais conhecida proveniente da Antiguidade é, por certo, a Cruz Celta. Trata-se de um esquema de disposição universal, que é válido para todos os tipos de perguntas, como o desenvolvimento de tendências, o esclarecimento de motivos subjacentes aos acontecimentos, além de poder servir para prever acontecimentos e para pesquisar as causas que os desencadearam. Quando não tenho certeza sobre qual sistema de disposição de cartas é mais apropriado para responder a determinada questão, sempre opto pela Cruz Celta, no caso de haver dúvidas.

As cartas, para este esquema, são dispostas como segue:

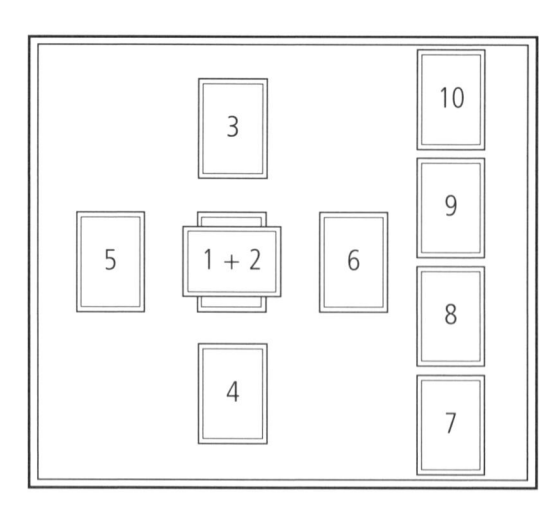

Podemos usar as seguintes expressões para defini-las:

1 = A questão
2 = O que impede a sua concretização
3 = O que resolve a questão
4 = A base da questão
5 = Fatos acontecidos antes
6 = O que acontecerá a seguir
7 = O consulente
8 = Momento em que os fatos acontecem
9 = Esperanças e temores do consulente
10 = Resultado final

Ou, com um pouco menos de magia:

1 = A questão
2 = O que é acrescentado à questão
3 = Fatos que se reconhecem
4 = O que se sente
5 = Causas da questão
6 = Futuro da questão
7 = Como o consulente vê a questão
8 = Como os outros veem a questão, ou como os fatos acontecem
9 = Receios e esperanças do consulente
10 = O resultado final

O significado de cada carta

1 = A situação inicial.
2 = Impulso para agir, que tanto pode estimular como inibir os acontecimentos.

Nessas duas cartas, temos a resposta principal do que seja a situação. As três cartas seguintes dão informações sobre o segundo plano dos acontecimentos:

- 3 = O âmbito consciente. Aquilo que o consulente sabe ao lidar com a situação; o que ele reconhece, o que é visto e, ocasionalmente, o que também é conscientemente desejado.
- 4 = O âmbito inconsciente. A "base da questão", como se lê na fórmula mágica. Sendo assim, essa carta revela o nível em que a situação está ancorada e o grau em que ela é sustentada por uma profunda convicção interior. Neste âmbito, a situação apresenta raízes fortes, que dificilmente serão abaladas. Existe certa liberdade de interpretação para essas duas cartas, conforme o tipo da pergunta. Em última análise, no entanto, elas refletem o que a cabeça (3) e o coração (4) têm a dizer sobre a situação.
- 5 = A carta que regride ao passado. Ela mostra o passado mais recente e, consequentemente, sugere, muitas vezes, as causas primordiais da situação atual.
- 6 = A primeira carta que permite olhar para o futuro. Ela permite que se veja algo do futuro próximo, que se tenha uma noção do que acontecerá logo a seguir.
- 7 = Esta carta mostra o consulente,[25] sua posição diante da questão (cartas 1 e 2), ou como ele se sente dentro das circunstâncias.

---

[25] Quando se fazem perguntas às cartas para uma pessoa que não está presente, temos primeiro de ter certeza se a posição diante da pergunta é nossa (do consulente), ou se reflete a pessoa em questão.

8 = O ambiente. Aqui também podem ser representados o lugar dos acontecimentos, assim como a influência de outras pessoas na questão.

9 = Esperanças e temores. O significado desta carta em geral é subestimado, porque não tem em si caráter de prognóstico para o que de fato acontecerá. Contudo, é exatamente esta carta que dá informações muito valiosas, especialmente quando você estiver lendo as cartas para alguém que não conhece, ou quando não lhe contaram o teor da pergunta. É aqui que se revelam as expectativas ou os temores do consulente.

10 = A segunda carta que aponta para o futuro. Ela permite uma visão global em longo prazo e, às vezes, ainda mostra o ponto máximo a que a questão em pauta pode levar.

Sendo assim, as cartas que de fato dão um prognóstico são exclusivamente as que estão nos lugares 6 e 10. Todas as outras dão indicações adicionais, que explicam o ambiente e os motivos subjacentes à complexidade da questão.

Modo de proceder durante a interpretação

Comece com a carta que está na posição 5 (passado, história anterior) e, em seguida, interprete a da posição 9 (esperanças e temores). Através delas, o consulente obterá uma visão mais nítida da questão, porque agora você sabe quais foram os acontecimentos (posição 5) que levaram o consulente a fazer a pergunta e o que ele espera ou teme (posição 9). Em seguida, interprete as cartas 1 e 2 como os impulsos principais naquela ocasião e descubra o que é visto conscientemente (3) e de que maneira está ancorado no inconsciente (4). Depois, teste o posicionamento do consulente quanto à questão (7), as influências externas ou o meio ambiente (8), antes de encerrar o jogo, voltando-se para a interpretação das cartas que dão um prognóstico (nas posições 6 e 10 do esquema de disposição).

9º Sistema de disposição: A Cruz

Afirmação: Conselho e desenrolar da questão
Grau de dificuldade: 1
Cartas a serem tiradas: 4
Pergunta típica: O que devo fazer?

A Cruz é um dos sistemas de disposição de cartas mais simples, mas nem por isso menos interessante. Ela dá respostas curtas, diretas que, com bastante frequência, mostram uma solução valiosa. Além disso, pode ser usada de muitas maneiras. Se você ainda não estiver muito familiarizado com as 78 cartas do Tarô e se o grande número delas o deixa nervoso, pode fazer este jogo usando apenas as 22 cartas dos Arcanos Maiores.

As cartas são dispostas de acordo com o seguinte esquema:

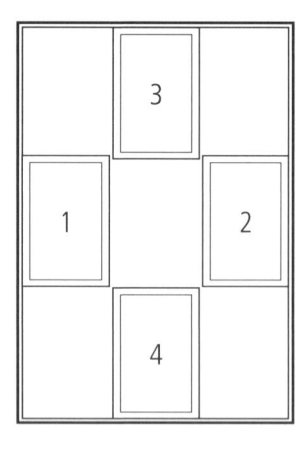

Elas significam:

1 = A questão.
2 = O que você não deve fazer.
3 = O que você deve fazer.
4 = Para onde sua decisão o leva, o que ela propicia.

Ao interpretar as cartas, o mais importante é elaborar muito bem a diferença que existe entre as cartas 2 e 3. É exatamente quando as cartas são semelhantes que se pode apreender a essência da afirmação, através das pequenas diferenças entre elas. Ao interpretar a carta da posição 2, leve sempre em consideração também a palavra-chave: "sombra".

Variante

Você pode usar este sistema de disposição quando não entender uma das cartas durante a interpretação. Nesse caso, embaralhe outra vez todas as cartas e faça a pergunta que será respondida com o método "A Cruz":
O que significa a carta X da última disposição?
Nesse caso, as posições têm o seguinte significado:

1 = A questão.
2 = O que a carta quer ocultar.
3 = O significado da carta.
4 = Para que a carta serve, o que ela propicia.

Naturalmente, pode-se interpretar o significado de um sonho usando este esquema de disposição.

10º Sistema de disposição: O Jogo da Crise

Afirmação:	Sugestão para superar uma crise
Grau de dificuldade:	2
Cartas a serem tiradas:	4
Perguntas típicas:	Como posso sair desta crise? Qual é a saída? O que pode me ajudar a sair desta situação?

A base deste jogo é o tema da "carta do desgosto", o 5 de Copas. A carta mostra três taças caídas, que, neste sistema de disposição, se transformam na posição 1. "Isto fracassou, isto se perdeu." As duas taças em pé do lado direito da carta significam: "Isto foi preservado: eis onde está a ajuda" (posição 2). A ponte mostra a saída (posição 3) e o castelo, o objetivo seguro (posição 4).

As cartas são dispostas segundo o seguinte modelo:

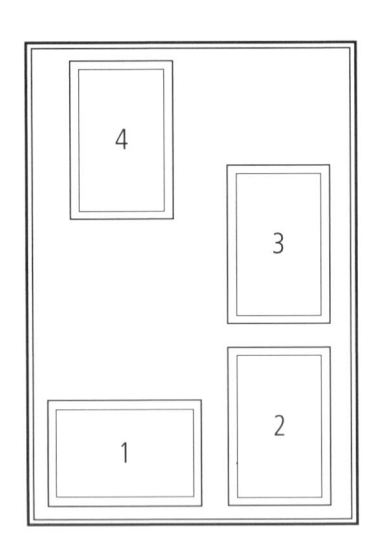

A interpretação

1 = Isto fracassou, isto se perdeu, esta é a crise.
2 = Isto se preservou, isto representa a ajuda.
3 = Esta é a saída.
4 = Este é o objetivo e o lugar para onde fugir.

11º Sistema de disposição: A Lemniscata (∞)

Afirmação:	Estado de um relacionamento ou de um conflito ou contradição íntima
Grau de dificuldade:	3-4
Cartas a serem tiradas:	8
Perguntas típicas:	Como está o meu relacionamento com X? Qual é a minha contradição interior?

Este sistema de disposição pode ser usado tanto para perguntas sobre o estado de um relacionamento como para o esclarecimento e melhor compreensão de uma contradição interior. Neste último caso, os dois interessados são as duas almas dentro do próprio peito. As cartas são tiradas obedecendo à forma do laço do infinito, a lemniscata.

Se as cartas forem tiradas para responder a uma questão acerca da situação de um relacionamento, o círculo da direita representa o consulente e o círculo da esquerda, o parceiro. Quando se trata das "duas almas" do consulente, o círculo da direita representa o âmbito consciente, e o da esquerda, o âmbito inconsciente.

O significado das cartas é o seguinte:

1 + 5 = A mais ampla distância, a maior diferença, as forças contraditórias.

3 + 7 = O contato, o convívio, a concordância, em certos casos. O ponto de partida para a reconciliação.
2 + 6 = Intenção, vontade, estabelecimento da meta.
4 + 8 = Impulso interior, força instintiva propulsora.

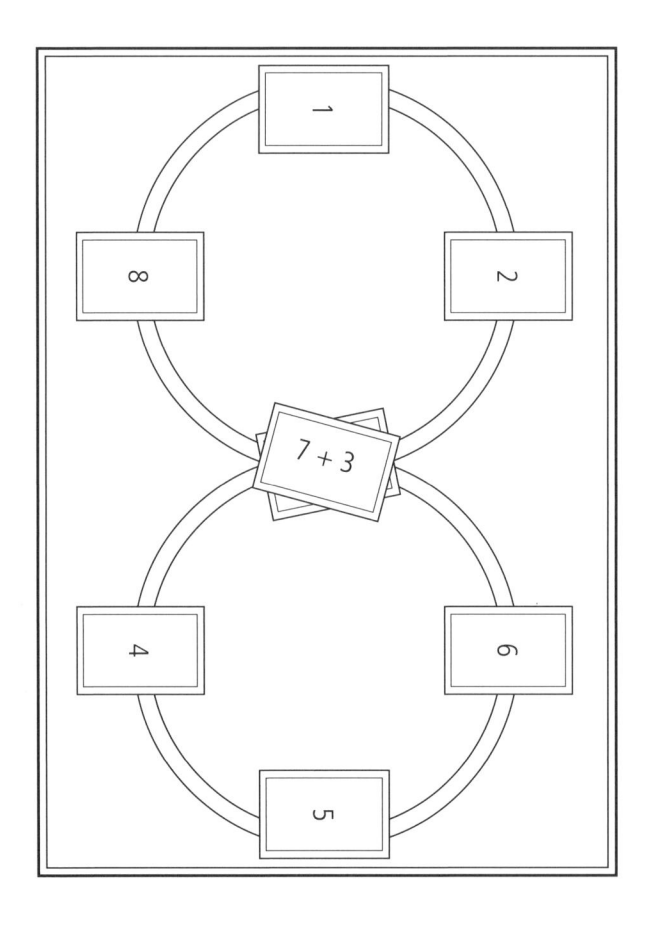

12º Sistema de disposição: Leonardo, ou Ideal e Realidade

Afirmação: Tendências ou autoconhecimento
Grau de dificuldade: 4
Cartas a serem tiradas: 9

Perguntas típicas: Para onde me leva o meu desenvolvimento (a minha situação atual)? O que posso fazer? Em que ponto estou e quais são as minhas possibilidades?

Este sistema de disposição também é chamado de "Jogo de Leonardo", porque tem como base a apresentação harmoniosa do corpo humano criada por Leonardo da Vinci. O círculo e o quadrado que se formam representam o ideal (círculo) e a realidade (quadrado). Assim sendo, essa figura serve de base para um sistema de disposição de cartas que mostra em que lugar o consulente se encontra (quadrado), e quais os objetivos subjacentes, as possibilidades e os significados mais elevados (círculo).

A interpretação

A questão
    1 = A questão em pauta – o aspecto consciente.
    9 = A questão em pauta – o aspecto inconsciente.

A base
    4 = A base, o fundamento sobre o qual o consulente se apoia.
    7 = Uma ação com a qual a base da questão pode ser fortalecida.
    8 = Um reconhecimento ou percepção intuitiva com a qual a base da questão pode ser fortalecida.

O objetivo
    2 = O objetivo palpável.
    5 = Seu significado superior.
    3 = Esperanças e temores.
    6 = Influências inesperadas.

13º Sistema de disposição: O Jogo do Louco

Afirmação: A posição em que se está no momento dentro de um desenvolvimento

Grau de dificuldade: 4

Cartas a serem tiradas: 12

Perguntas típicas: Em que ponto do caminho (profissional, artístico) estou agora? Até que ponto cheguei em meu caminho (de autorrealização, de busca espiritual, na psicanálise etc.)?

O Jogo do Louco reflete – numa sequência simples de cartas – o percurso cronológico de um assunto. Ao mesmo tempo, mostra em que ponto dessa trajetória o consulente se encontra, o que ficou para trás nesse desenvolvimento e o que ele ainda tem diante de si. Nesse sentido, em relação aos outros sistemas de disposição apresentados anteriormente, este é o que melhor responde à observação de um desenvolvimento em longo prazo. No entanto, como as posições isoladas não dão significados próprios, e cada carta de fato se baseia na anterior, em muitos casos isso dificulta a interpretação. Além disso, este jogo também permite que se façam afirmações sobre desenvolvimentos em longo prazo, caso em que cada carta pode mostrar um período de tempo; cada carta pode se referir a um período de tempo diferente.

A principal dificuldade de interpretação é, contudo, a ideia fixa, tão comumente encontrada, de que o desenvolvimento da nossa vida tenha de acontecer dentro de um padrão lógico. O Jogo do Louco, ao contrário, mostra que há percursos contraditórios, ele nos mostra os nossos erros e as voltas que a vida dá.

A primeira providência é tirar o Louco do baralho. As 77 cartas restantes são embaralhadas como de costume e, em seguida, espalhadas em forma de leque. O consulente tira 12 dessas cartas cobertas, entre as quais então se inclui o Louco, embaralhando-as bem. Depois que o consulente decidiu se quer que as cartas sejam viradas "a partir de cima do monte" ou "a partir de baixo",[26] todas as 13 cartas são colocadas em sequência, uma após a outra.

1	2	3	4	5	6	7	8	9	10	11	12	13

---

[26] Ou seja, deve-se saber se a disposição das cartas é iniciada pela carta de cima ou pela carta de baixo do monte.

O Louco representa aqui o ponto relativo ao presente. Assim sendo, todas as cartas que estiverem antes dele representam eventos que ficaram no passado e as cartas que vierem depois indicam acontecimentos futuros. Se o Louco for a primeira carta, isso significa que o consulente ainda está no início de seu percurso, ou então que ele se encontra diante de um novo começo. Como última carta, o Louco mostra que o consulente está no final do percurso, ou, ao menos, que está terminando uma fase de experiências de grande significado para sua vida.

14º Sistema de disposição: O Jogo dos Parceiros*

Afirmação:	Situação de um relacionamento
Grau de dificuldade:	1
Cartas a serem tiradas:	6
Pergunta típica:	Como vai o nosso relacionamento?
Particularidade:	Este jogo é jogado por ambos os parceiros.

Este jogo, além do seu valor de afirmação, muitas vezes intrigante e surpreendente, também tem a utilidade de provocar um diálogo valioso entre ambos os membros de uma relação. Na sua forma essencial, ele também pode ser jogado utilizando apenas as 22 cartas dos Arcanos Maiores. É, portanto, um jogo indicado para iniciantes.

Ele é jogado por ambos os parceiros. Simultaneamente, cada um deles tira uma carta (ao todo, 3) e a apresenta ao outro. As cartas isoladas têm o significado conforme descrito abaixo do modelo de disposição. Esse significado deve ser anunciado por cada um dos parceiros à medida que forem virando as cartas (o significado dentro dos parênteses).

---

* Fonte: Ziegler. *Tarot, Spiegel der Seele* [Tarô, Espelho da Alma]. Sauerlach, 1984.

```
┌─────────────────────────┐
│  ┌────┐         ┌────┐  │
│  │ 1A │         │ 1B │  │
│  └────┘         └────┘  │
│                         │
│  ┌────┐         ┌────┐  │
│  │ 2A │         │ 2B │  │
│  └────┘         └────┘  │
│                         │
│  ┌────┐         ┌────┐  │
│  │ 3A │         │ 3B │  │
│  └────┘         └────┘  │
└─────────────────────────┘
```

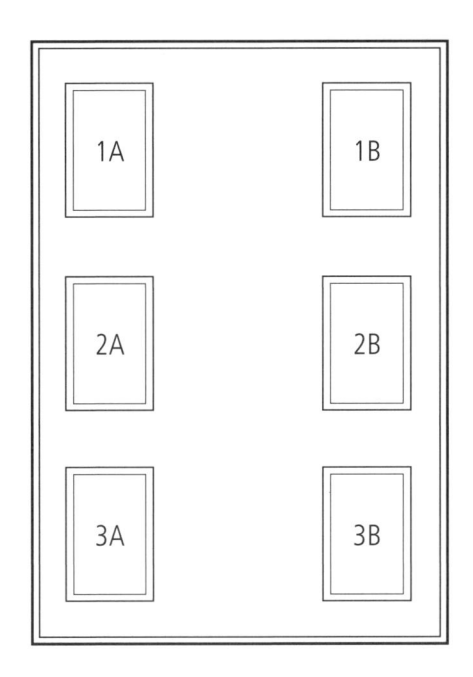

1a = É assim que eu vejo você (assim A vê B).
1b = É assim que eu vejo você (assim B vê A).
2a = É assim que eu me vejo (é assim que A se vê).
2b = É assim que eu me vejo (é assim que B se vê).
3a = É assim que eu vejo o nosso relacionamento (visão de A).
3b = É assim que eu vejo o nosso relacionamento (visão de B).

O jogo pode ser feito para qualquer tipo de relacionamento: familiar, de amizade, profissional ou ainda um relacionamento amoroso, como o casamento.

15º Sistema de disposição: O Jogo dos Planetas

Afirmação: Descrição de pessoas/Autoconhecimento
Grau de dificuldade: 4-5

Cartas a serem tiradas: 11
Perguntas típicas: Que tipo de pessoa é X, Y, Z? E eu, como sou? Quais são os meus traços característicos?

Este jogo descreve o ser humano da maneira que é possibilitada pela compreensão astrológica dos dez planetas e do Ascendente. Portanto, serve como jogo de autoconhecimento, bem como para observar pessoas com as quais mantemos alguma espécie de vínculo. Naturalmente, serve como um bom complemento quando em outros jogos aparecerem Reis e Rainhas e quisermos saber algo mais sobre essas pessoas.

As 11 cartas são dispostas na forma de uma estrela de cinco pontas, a qual, na verdade, é o símbolo do ser humano. Os cinco raios dessa estrela têm o seguinte significado superior: seta em cima, no centro – sabedoria, reconhecimento; seta em cima, à esquerda – *animus*, esforço; seta em cima, à direita – *anima*, vivência; seta embaixo, à esquerda – destino, experiência; seta embaixo, à direita – solução, anseio.

Quando você se familiarizar com a Astrologia, poderá compreender melhor os planetas. Se não tiver essa familiaridade com os astros, sugiro as seguintes correlações:

- 1 = *Ascendente*: apresentação, porte, aparência, constituição atual, disposição básica, estrutura física.
- 2 = *Sol*: Cerne (a parte essencial), identidade, consciência, espírito, vontade, conteúdo da vida, força de concretização pessoal dos objetivos, força criativa, vitalidade.
- 3 = *Mercúrio*: capacidade de orientação, pensamentos, inteligência, compreensão, facilidade de expressão oral, impulsividade, acuidade mental, habilidade crítica, capacidade de observação, curiosidade.

4 = *Lua*: caráter, sentimento, instintos, impulsos interiores, o inconsciente pessoal, capacidade de ser influenciado, anseios, necessidades.

5 = *Júpiter*: Descoberta do sentido, ideais, moral, convicções, confiança pessoal, confiança, capacidade de valorização, consciência de riqueza e de plenitude, crença, sucesso, virtudes, senso de justiça, generosidade.

6 = *Saturno*: Consciência, limitações, disciplina, confiabilidade, desconfiança, necessidade de segurança, estrutura, posição, carência, insucesso, pobreza, constrangimentos e situações inevitáveis, inibições, obrigações.

7 = *Marte*: Força para se impor, disposição para a luta, uso de energia, autoafirmação, desejo de conquista, agressividade, espírito empreendedor, força de vontade, cobiça, ódio, força destrutiva, sexualidade, coragem e ousadia.

8 = *Urano*: Individualidade, originalidade, impulso de independência, extravagâncias, loucuras, excentricidades, distanciamento, riqueza de iniciativas.

9 = *Vênus*: Ideais amorosos, exigência de amor, bondade, capacidade de adaptação, necessidade de harmonia, capacidade de doação, erotismo, senso estético e artístico, sensibilidade, musicalidade.

10 = *Netuno*: Mediunidade, intuições, tendências místicas, vícios, perturbações, confusão, transparência para a transcendentalidade, fusão com a origem primordial.

11 = *Plutão*: Forças arcaicas, força para influenciar os outros, esforço pelo poder, inconsciente coletivo, experiências profundas, forças de transformação, metamorfose, hipnose, força de cura e de destruição, possessão.

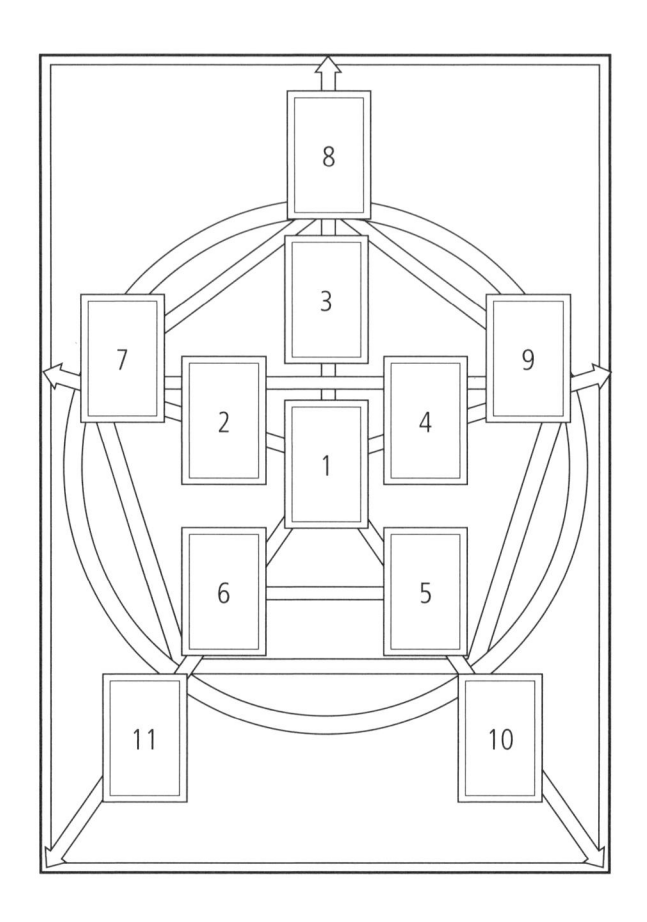

16º Sistema de disposição: O Jogo do Plano

    Afirmação: Sugestão para alcançar um objetivo
    Grau de dificuldade: 2
    Cartas a serem tiradas: 5
    Perguntas típicas: Como faço para alcançar a minha meta?
                                      De que modo posso conseguir mais ordem,
                                      satisfação, dinheiro etc.?

Com este jogo, as cartas lançam luz sobre um determinado projeto ou mostram *se* e *como* um ponto muito esperado pode vir a se concretizar.

Para fazer a consulta, tire cinco cartas e disponha-as conforme o seguinte esquema:

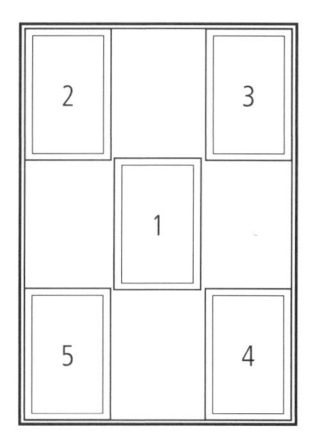

```
┌─────────────────────┐
│  ┌───┐       ┌───┐  │
│  │ 2 │       │ 3 │  │
│  │   │ ┌───┐ │   │  │
│  └───┘ │ 1 │ └───┘  │
│        │   │        │
│  ┌───┐ └───┘ ┌───┐  │
│  │ 5 │       │ 4 │  │
│  └───┘       └───┘  │
└─────────────────────┘
```

Significado das posições:

1 = O significador. Uma afirmação concernente ao projeto ou uma indicação significativa.
2 = A força (inconsciente) impulsionadora do consulente.
3 = Argumentos ou reforços objetivos.
4 = Assim não terá sucesso.
5 = Assim terá sucesso.

17º Sistema de disposição: A Estrela*

Afirmação: Descrição e visão geral de situações
Grau de dificuldade: 3
Cartas a serem tiradas: 6

---

* Fonte: Winkelmann. *Tarot der Eingeweihten* [Tarô dos Iniciados]. Berlim, 1954.

Perguntas típicas: Como o meu projeto está se desenvolvendo? Como se desenvolverá minha vida profissional?
Este sistema de disposição também pode ser jogado sem que se façam perguntas.

Antes de tudo, este jogo é útil para um intérprete intuitivo, que, ao usar os outros sistemas de disposição, sinta-se muito amarrado às afirmações de significado dos âmbitos abrangidos pelas cartas. Pelo fato de, neste jogo, cada um dos campos ter um duplo significado, o intérprete intuitivo terá mais liberdade de interpretação. Pode-se jogá-lo com ou sem apresentação de perguntas. As seis cartas são dispostas conforme o modelo da Estrela de Davi:

Para a interpretação, elas são unidas de outra forma:

1. Em dois triângulos, nos quais
   1, 4 e 5   representam a situação, a circunstância ou a pergunta.
   2, 3 e 6   representam o consulente e sua posição diante da questão.

2. Em três colunas, que refletem âmbitos diferentes, a saber
   2 e 4 =   o âmbito exterior, material, físico.
   1 e 6 =   o âmbito consciente, espiritual, conhecedor.
   3 e 5 =   o âmbito anímico, intuitivo, instintivo.

18º Sistema de disposição: A Escada

Afirmação: Exigências e perspectivas de um projeto
Grau de dificuldade: 3
Cartas a serem tiradas: 7
Perguntas típicas: Como progredirei no caso X? O que devo fazer para atingir X?

Este sistema de disposição foi tirado por mim da estrutura do Zodíaco, que – numa relação correspondente – mostra "os pavimentos dos planetas" aos quais remontam imagens mitológicas diversas, como a árvore do mundo, a montanha do mundo e a escada para o céu. Aqui, essa escada serve como base para obter uma afirmação sobre os pressupostos, as perspectivas e as circunstâncias que acompanham a concretização de determinado projeto.

Para fazer o jogo, usam-se sete cartas, que devem ser dispostas conforme o modelo a seguir:

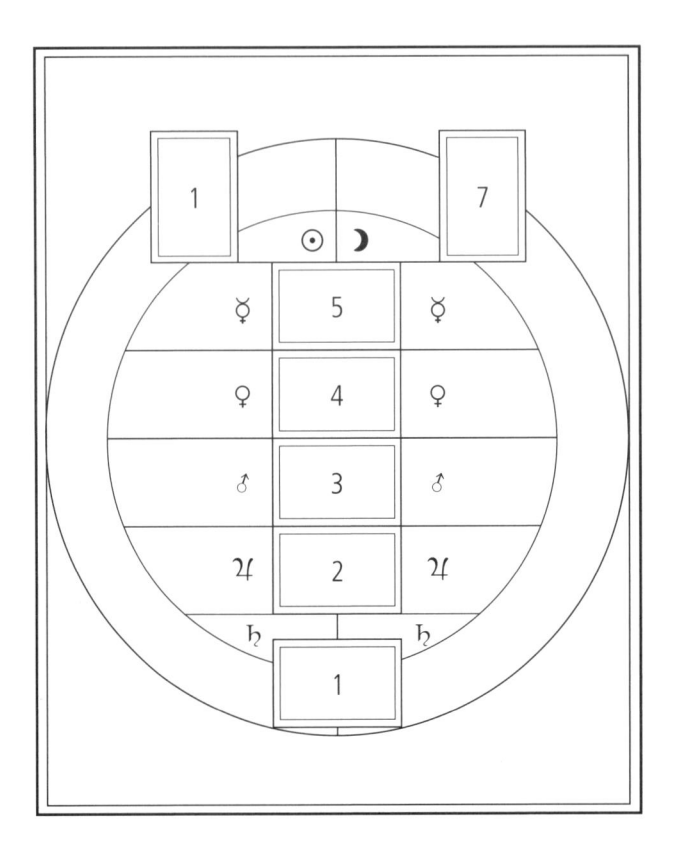

A interpretação

1 = ♄ Guardião do Limiar: pressuposto essencial, que, conforme a carta, tem de ser conquistado ou superado; caso contrário, o projeto fracassará.

Quando esse limiar é superado, o desenvolvimento continua como segue:

2 = ♃ Impulsos auxiliares que exigem crescimento.
3 = ♂ Força de vontade, capacidade de resistência, força de realização.

4 = ♀ Experiências satisfatórias, felizes, encontros com outras pessoas ou ajuda prestada por elas.

5 = ☿ Reflexões táticas importantes, conceito imaginativo.

6 = ☉ Sucesso, resultado duradouro.

7 = ☽ Ressonância, receptividade por parte dos outros.

19º Sistema de disposição: A Porta*

Afirmação:	A próxima "porta" diante da qual nos veremos
Grau de dificuldade:	4
Cartas a serem tiradas:	11
Perguntas típicas:	Via de regra, o jogo não requer perguntas específicas e nos mostra a porta diante da qual nos veremos a seguir. Contudo, também se pode perguntar simplesmente: "O que espera por mim?"

Este sistema de disposição de cartas se presta especialmente para aqueles que usam sua intuição profunda para interpretar as cartas e não gostam de se ver presos a afirmações estreitas de significado. Em razão de seu modo de expressão mais maleável, aqui cada posição dá margem a amplas possibilidades de interpretação, de modo que há suficiente espaço para formulações de ordem pessoal. Por outro lado, a falta dessa base pressupõe certa prática anterior com o Tarô, o que torna esse jogo pouco indicado para principiantes. As 11 cartas devem ser dispostas conforme mostra o esquema que segue:

---

* Fonte: *Tarot Network News* [Rede de Notícias sobre o Tarô].

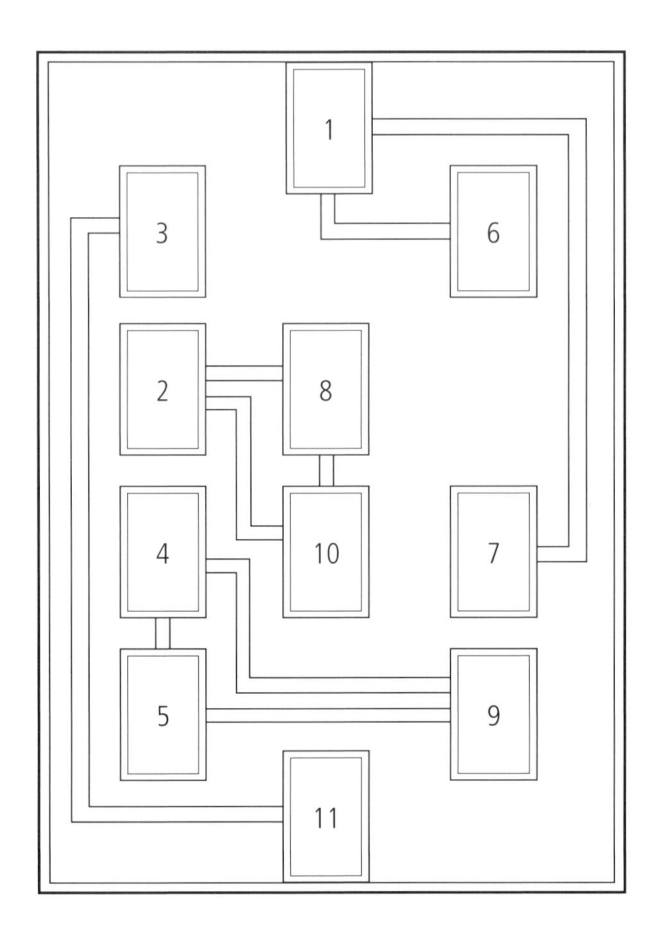

Correspondências importantes a considerar na síntese da interpretação:

O nome da porta (1) é apenas a visão exterior e corresponde à legenda que encabeça um artigo de jornal. O buraco da fechadura (2) nos dá uma perspectiva melhor. A carta mais importante para o que está por vir é a da posição 8. Ela revela para onde o caminho, através dessa porta, leva em longo prazo. A posição 10, em contrapartida, mostra, mais exatamente, a sensação ou experiência em curto prazo, ao se atravessar o limiar. As posições 6 e 7 são experiências puramente subjetivas do consulente. (A posição 6 corresponde à posição 8, no que se refere às perspectivas em longo prazo; a posição 7 corresponde à posição 10 como colocação do limiar.). Pressupostos essenciais para se alcançar a porta estão nas posições 4, 5 e 9, e, por último, na chave dada pela posição 11, com a qual se pode abrir a fechadura da posição 3, que até agora manteve a porta fechada.

A interpretação

1 = O nome da porta. Trata-se da questão.
2 = O buraco da fechadura. Uma primeira ideia do que existe por trás da porta.
3 = A fechadura. Ela mantém a porta (até aqui) fechada.
4 = A maçaneta. Precisamos dela para abrir a porta.
5 = O que nos leva à porta.
6 = Esperanças e temores. As expectativas do consulente sobre o que possa estar por trás da porta.
7 = Como o consu1ente se sente com relação à porta.
8 = O que de fato está atrás da porta.
9 = Onde descobrir a porta.
10 = O que acontece quando se abre a porta.
11 = A chave para a porta, que deve servir na fechadura (3).

Observação: Não temos de passar por todas as portas. As cartas também podem nos prevenir contra uma armadilha. Nesse caso, o melhor a fazer é guardar muito bem a chave, num lugar seguro.

20º Sistema de disposição: O Caminho

Afirmação:	Sugestão relativa ao modo de se comportar
Grau de dificuldade:	3
Cartas a serem tiradas:	7
Perguntas típicas:	Como devo proceder? O que posso fazer para alcançar X, Y, Z? Como devo lidar com a minha saúde, e com outros assuntos?

Este jogo mostra ao consulente:

a) a questão de que se trata;
b) como o consulente se comportou até o momento no que se refere à questão;
c) como ele (em vez disso) deve se comportar no futuro.

As cartas devem ser dispostas na sequência demonstrada abaixo:

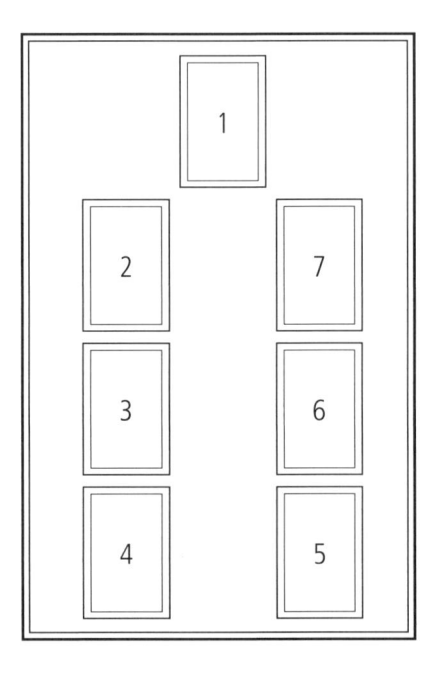

As sete posições têm os seguintes significados:

1 = A questão. Essas são as chances e os riscos relacionados com a pergunta.

A coluna da esquerda mostra o comportamento até o momento:

- 2 = Posicionamento consciente e comportamento racional. Pensamentos, argumentos razoáveis, imaginações, intenções, modos de proceder. O que o consulente pensa ou pensou até agora.
- 3 = Posicionamento inconsciente e comportamento emocional. Desejos, anseios, esperanças e medos. O que o consulente sente ou sentiu até agora.
- 4 = Postura exterior. A apresentação do consulente, o modo como impressiona os demais e, ocasionalmente, a sua "fachada".

A coluna da direita mostra sugestões para comportamento futuro (os significados correspondem aos campos 2 – 4):

- 7 = Posicionamento consciente. Sugestão para o procedimento racional.
- 6 = Posicionamento inconsciente. Sugestão para o procedimento emocional.
- 5 = Postura exterior. É assim que o consulente deve se apresentar. É isso que ele deve fazer e dar a conhecer.

21º Sistema de disposição: A Fórmula Mágica dos Ciganos

Afirmação: Descrição e visão geral de uma situação
Grau de dificuldade: 2

Cartas a serem tiradas: 7
Perguntas típicas: Via de regra, esse sistema de disposição é jogado sem uma pergunta especial.

Para mim, este é o jogo que tem o caráter mais "típico de jogo", dentre todos os sistemas de disposição de cartas apresentados. As "palavras mágicas" da fórmula encantada permitem uma olhada intuitiva por trás do véu do futuro. Trata-se de um jogo muito atraente, principalmente quando se jogam as cartas por mera curiosidade ou como passatempo. Mas isso não quer dizer que as cartas não tenham um enunciado. Em geral, essas cartas são dispostas sem que se faça uma pergunta específica, mas a cada carta que se dispõe murmura-se a fórmula mágica abaixo:

1 = Este é o seu eu.
2 = Isto o protege.
3 = Isto o assusta.
4 = Isto o impulsiona.
5 = Isto é o que lhe resta.
6 = Isto é o que o futuro lhe trará.
7 = Isto o levará a ver a realidade das coisas.

Eu não interpreto as cartas conforme as palavras dessa fórmula, cujo enquadramento me parece um tanto rígido. Compreendo as posições isoladas da seguinte maneira:

1 = A situação atual do consulente.
2 = O que ele demonstra exteriormente.
3 = O que ele esconde por trás das aparências.

4 = O que ele se esforça por obter.
5 = Como ele se sente e o que ele alcança.
6 = O que vem logo a seguir.
7 = O que (tudo) isso significa para ele.

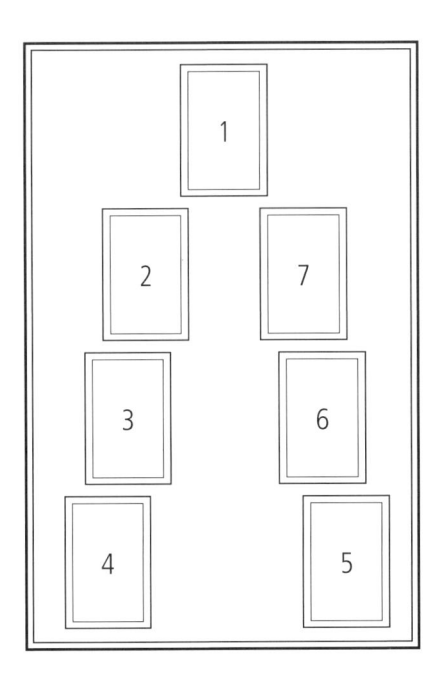

Palavras-Chave para a Interpretação

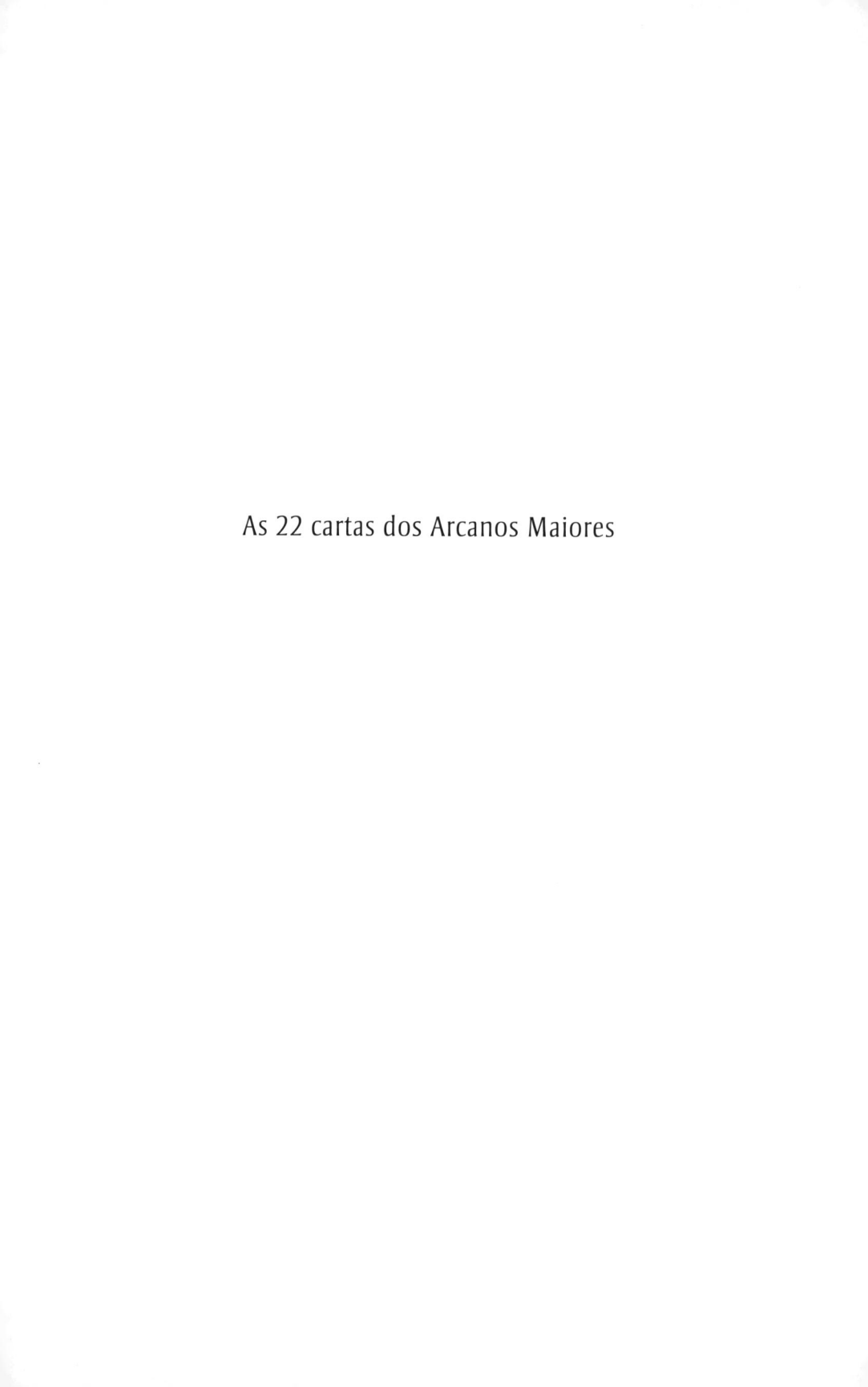

As 22 cartas dos Arcanos Maiores

0 – O Louco

Arquétipo:	A criança
Sentido geral:	Espanto, franqueza, reinício
Profissão:	Situação de leigo, um novo começo
Relacionamento:	Vivacidade, espontaneidade
Consciência:	Falta de preconceitos, curiosidade
Sentido espiritual:	A sabedoria do tolo
Objetivo:	Busca e estar a caminho
Sombra:	Falta de responsabilidade
Carta invertida:	Caos, teimosia, fracasso, vergonha
22 como quintessência:[27]	O surpreendente caminho da imparcialidade e o contínuo recomeço que leva a novas estruturas (o Imperador = 4)

---

[27] Dentro dos Arcanos Maiores, o Louco tem o valor da posição 22 e é também com esse número que se transmite a sua quintessência.

I – O Mago

Arquétipo:	O criador
Sentido geral:	Força de influenciar os outros, força de vontade, iniciativa, habilidade, força sugestiva, sucesso
Profissão:	Maestria, poder de influenciar, êxito
Relacionamento:	Fascínio, força de atração
Consciência:	Conhecimento penetrante, unilateralidade
Sentido espiritual:	A consciência solar
Objetivo:	Domínio do destino
Sombra:	O sedutor, o manipulador, o charlatão
Carta invertida:	Destrutividade, logro
1 como quintessência:	O ativo caminho da força, da influência ou da iniciativa

II – A Sacerdotisa

Arquétipo:	A virgem
Sentido geral:	Sensibilidade à flor da pele, paciência, compreensão, disposição para ajudar, consideração, mediunidade (carta de proteção)
Profissão:	Dedicação, ajuda, cura, confiança
Relacionamento:	Compreensão, almas gêmeas, preocupação com o outro
Consciência:	Voz interior, a voz enigmática
Sentido espiritual:	Consciência lunar, sabedoria do colo materno
Objetivo:	Ser acariciado, tornar-se uma unidade com a base primordial
Sombra:	Fuga da realidade, imprevisibilidade
Carta invertida:	Desespero, tagarelice, procrastinação
2 como quintessência:	O caminho intuitivo da imaginação, da paciência, da capacidade de esperar e da disponibilidade

III – A Imperatriz

Arquétipo:	A mãe
Sentido geral:	Crescimento, vivacidade, nascimento do novo, gravidez, pisar em solo fértil, os ritmos e as forças da natureza
Profissão:	Criatividade, modificação, desdobramento
Relacionamento:	Vivacidade, novo relacionamento
Consciência:	Nova percepção, modificação da visão de mundo
Sentido espiritual:	Percepção da multiplicidade
Objetivo:	Preservar a vida
Sombra:	Crescimento selvagem, arbitrariedade, cobiça
Carta invertida:	Esterilidade, carência
3 como quintessência:	O caminho vivo da mudança, do novo e do crescimento

IV – O Imperador

Arquétipo:	O pai
Sentido geral:	Estabilidade, ordem, continuidade, inteligência prática, disciplina
Profissão:	Esforço, certeza dos objetivos, sucesso
Relacionamento:	Relacionamento estável, segurança
Consciência:	Concretização dos projetos e das ideias
Sentido espiritual:	Estruturação da multiplicidade
Objetivo:	Conseguir justificar-se, garantia de segurança e ordem
Sombra:	Severidade extrema, perfeccionismo, despotismo
Carta invertida:	Imaturidade, descontrole, tempestade em copo de água
4 como quintessência:	O caminho pragmático da ordem, da clareza e da realidade

V – O Hierofante

Arquétipo:	O santo
Sentido geral:	Percepção intuitiva, confiança, certeza, virtude, bons conselhos (carta de proteção)
Profissão:	Vocação, sabedoria acerca do sentido das atividades
Relacionamento:	Confiança mútua, casamento
Consciência:	Buscar e encontrar o sentido da vida
Sentido espiritual:	Encontrar a própria verdade (subjetiva)
Objetivo:	Obter uma profunda certeza interior devido à confiança no mais Elevado
Sombra:	Hipocrisia, fingimento, incredulidade, o defensor de princípios
Carta invertida:	Desonestidade, deturpação, tagarelice
5 como quintessência:	O caminho confiável da verdade e da consciência interior

VI – Os Enamorados

Arquétipo:	O caminho da separação
Sentido geral:	Livre-arbítrio, aceitação incondicional, grande amor e fidelidade
Profissão:	Concentrar-se com todo o coração no trabalho
Relacionamento:	Experiência feliz, determinação
Consciência:	Consciência individual
Sentido espiritual:	Visão da riqueza que há na autolimitação voluntária
Objetivo:	União dos opostos
Sombra:	Concentração falha, falta de determinação
Carta invertida:	Má escolha, hesitação, infidelidade
6 como quintessência:	O amoroso caminho da certeza da decisão e da confiança mútua

VII – O Carro

Arquétipo:	A partida do herói
Sentido geral:	Coragem, confiança pessoal, disposição de partir, espírito de aventura, satisfação de correr riscos
Profissão:	Reinício, promoção, independência
Relacionamento:	Nova ligação, "novos ares"
Consciência:	Forte consciência de si mesmo
Sentido espiritual:	Ampliação dos horizontes
Objetivo:	"A busca do tesouro", a "libertação da cativa"
Sombra:	Leviandade, mania de grandeza, falta de consideração, perda do controle
Carta invertida:	Fracasso, indecisão, não conseguir desapegar-se
7 como quintessência:	O heroico caminho da partida confiante e do grande salto para a frente

VIII – A Força*

Arquétipo:	A luta com o dragão
Sentido geral:	Coragem, vitalidade, energia, paixão, "mostrar as garras"
Profissão:	Envolvimento, sucesso, disposição para a luta
Relacionamento:	Passionalidade, senso dramático
Consciência:	Pensamento apaixonado, carisma
Sentido espiritual:	Compensação entre espírito e instinto
Objetivo:	Aceitação e transformação de forças inferiores
Sombra:	Gosto pelo sensacionalismo, satisfação com o mal alheio, brutalidade
Carta invertida:	Fracasso apesar dos talentos, instabilidade
11 como quintessência:[28]	O apaixonado caminho da coragem, da força e da vital alegria de viver que leva à profunda compreensão e à confiança na voz interior (2 = a Sacerdotisa)

---

* No Tarô de Marselha, é a carta no XI (N. da T.).

[28] Como já foi dito antes, a sequência numérica clássica foi alterada na apresentação destas cartas. Acredito que a antiga sequência numérica seja mais correta, motivo pelo qual considero a contradição, na medida em que conto a carta "A Força" como 11 e a carta "A Justiça" como 8. Isso vale quando se soma o valor numérico das cartas para obter a quintessência e, naturalmente, também quando os números 8 ou 11 são a quintessência propriamente dita.

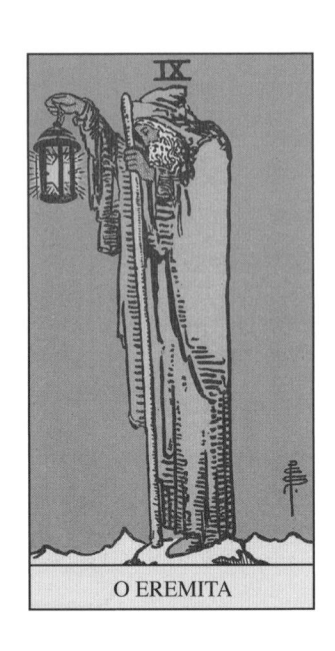

IX – O Eremita

Arquétipo:	O velho sábio
Sentido geral:	Estar só, introverter-se, desligar-se do mundo, silêncio, autodescoberta, ascese, seriedade
Profissão:	Reexame de antigos objetivos e perspectivas
Relacionamento:	Descansar em si mesmo ou com outra pessoa
Consciência:	Proteger-se contra os pensamentos alheios
Sentido espiritual:	Cristalização da própria vontade
Objetivo:	Ser autêntico, percorrer o próprio caminho
Sombra:	Autoilusão, amargura, rancor
Carta invertida:	Isolamento, não manifestação das ideias
9 como quintessência:	O bem pensado caminho do profundo autoconhecimento e da sábia humildade

A ROTA DA FORTUNA

X – A Roda da Fortuna

Arquétipo:	Fortuna
Sentido geral:	Tarefas e experiências determinadas pelo destino, mudanças inesperadas, necessidades, fases de sorte, obrigações às quais não se pode fugir, novo ciclo de vida
Profissão:	Falta de poder, rotina, mensageiros de uma mudança
Relacionamento:	Ligação determinada pelo destino
Consciência:	Conhecimento das leis superiores
Sentido espiritual:	Encontro com os aspectos não interligados da personalidade
Objetivo:	A transformação do inferior no mais elevado
Sombra:	Fatalismo, resignação, medo do desenvolvimento
Carta invertida:	Declínio, final de um ciclo
10 como quintessência:	O inaplicável caminho do destino e da percepção das necessidades que levam ao domínio do destino (1 = O Mago)

XI – A Justiça*

Arquétipo:	O juiz
Sentido geral:	Equilíbrio, honestidade, força de julgamento, a maior objetividade possível, decisão ajuizada
Profissão:	A colheita do que plantamos
Relacionamento:	Igualdade de aptidões, equilíbrio de forças
Consciência:	Capacidade prática e séria de julgamento, compensação
Sentido espiritual:	Experiência da responsabilidade pessoal
Objetivo:	Conhecimento objetivo, julgamento equilibrado
Sombra:	Autojustificação, *Law and Order* [Lei e Ordem]
Carta invertida:	Injustiça, preconceito, inconstância
8 como quintessência:[29]	O caminho de responsabilidade pessoal do equilíbrio e da justiça

---

* No *Tarô de Marselha*, é a carta nº VIII (N. da T.).
[29] *Ibid.*, nota 28.

XII – O Enforcado

Arquétipo:	A vítima, a prisão
Sentido geral:	Crise, estar preso, ficar num aperto, ficar doente, fazer penitência, estagnação, modificação dos pensamentos
Profissão:	Ficar parado no lugar, frouxidão, renúncia
Relacionamento:	Estar entregue ao *status quo*
Consciência:	Profunda visão das coisas, nova visão do mundo
Sentido espiritual:	Iniciação, sinais indicadores do caminho da sabedoria
Objetivo:	Reflexão, mudança de vida, libertação
Sombra:	Resignação, deixar-se enforcar
Carta invertida:	Não aceitação das evidências, negação da maturidade
12 como quintessência	O esclarecedor caminho que tira a pessoa da armadilha e lhe dá uma nova visão de vida, que, depois de um intervalo, levará a um novo solo fértil (3 = a Imperatriz)

XIII – A Morte

Arquétipo:	A morte
Sentido geral:	O grande desapego, o fim natural, uma despedida ansiosamente esperada ou temida, perdas
Profissão:	Encerramento da atividade exercida até o momento
Relacionamento:	Final de uma fase, despedida do companheiro
Consciência:	Compreensão de que as coisas são finitas
Sentido espiritual:	Superar a antiga imagem de si mesmo
Objetivo:	Ir para casa, criar lugar para o novo
Sombra:	Fingir-se de morto, medo da morte
Carta invertida:	Paralisação limitadora, fim arbitrário
13 como quintessência	O doloroso caminho da despedida e do grande desapego, que, depois de destruir o velho, leva a novas estruturas e a novas realidades (4 = o Imperador)

XIV – A Temperança

Arquétipo:	Harmonia
Sentido geral:	Descontração, a medida correta, paz, saúde, cura, gostar dos outros e de si mesmo
Profissão:	Alegria no trabalho, ambiente profissional agradável
Relacionamento:	Sintonia, atração amorosa
Consciência:	O pensamento como uma totalidade
Sentido espiritual:	Conhecimento da harmonia primordial
Objetivo:	Paz, estar saudável
Sombra:	Cumplicidade, adaptabilidade, evitar conflitos
Carta invertida:	Desequilíbrio, preguiça
14 como quintessência	O alegre caminho da descontração interior e da mais profunda harmonia, que leva à compreensão do sentido oculto (da própria vida) (5 = o Hierofante)

XV – O Diabo

Arquétipo:	O tentador, o mal, o fardo
Sentido geral:	A tentação, a sedução, a dependência, o vício, a intemperança, a possessão; contrariar os próprios desígnios, a traição
Profissão:	Continuar dependente, fazer negócios escusos fingindo-se de inocente, tendência à corrupção
Relacionamento:	Enredamentos, servidão, mau uso do poder, luxúria
Consciência:	Encontro com o lado da sombra
Sentido espiritual:	"Prova de fogo" para nossas convicções
Objetivo:	Poder, criar dependências
Sombra:	Esta é a carta que personifica a sombra. Seu lado luminoso é a superação do que é vil
Carta invertida:	Cura, reflexão, liberdade
15 como quintessência	O perigoso caminho da tentação e das fraquezas humanas que, através do encontro com a própria sombra, leva da dependência à verdadeira liberdade de decisão (6 = os Enamorados)

XVI – A Torre

Arquétipo:	Tremor de terra, destruição
Sentido geral:	Transformação, catástrofe, abalo, acidentes, esperança fracassada, "explosão de uma bomba", um monte de destroços
Profissão:	Despedida, escândalo, troca súbita de emprego
Relacionamento:	Separação surpreendente, notícia chocante
Consciência:	Fracasso das ideias fixas, conhecimentos rápidos como um raio
Sentido espiritual:	Rompimento de conceitos rígidos
Objetivo:	Despertar para a liberdade
Sombra:	Vontade de destruir, crueldade
Carta invertida:	Declínio da inteligência
16 como quintessência	O abalador caminho do conhecimento e da surpreendente libertação que leva das velhas cristalizações a um novo despertar (7 = o Carro)

XVII – A Estrela

Arquétipo:	Esperança, a água da vida
Sentido geral:	Futuro, confiança, desenvolvimento favorável e duradouro, sorte (carta de proteção)
Profissão:	Sucesso, atividade rica em perspectivas
Relacionamento:	União feliz com futuro promissor
Consciência:	Ampliação de horizontes, visão a distância
Sentido espiritual:	Compreensão, sabedoria
Objetivo:	Confiança na organização cósmica
Sombra:	Adiamento para o dia seguinte de coisas importantes a serem feitas
Carta invertida:	Dúvidas, falta de perspectivas, azar
17 como quintessência	O sábio caminho da confiança no futuro e da percepção da existência de uma ordem cósmica, que leva a um julgamento equilibrado e ponderado (8 = a Justiça)

XVIII – A Lua

Arquétipo:	A noite, as forças das trevas
Sentido geral:	Insegurança, medo, confusão, pesadelos, imagens da alma, anseios, sonhos
Profissão:	Ansiedade, timidez em representar ou falar em público, confusão
Relacionamento:	Anseios insatisfeitos, ciúme
Consciência:	Aumento das forças do inconsciente
Sentido espiritual:	A descida ao Submundo
Objetivo:	Profunda percepção e autoconhecimento
Sombra:	Desenlace, perda de si mesmo
Carta invertida:	Ilusão, alucinações, decepções
18 como quintessência	O desagradável caminho para as profundezas da alma e para o reino das trevas eternas que, com a arrecadação do ouro negro, leva a um autoconhecimento mais profundo e a uma humildade mais sábia (9 = o Eremita)

XIX – O Sol

Arquétipo:	O dia, as forças da luz
Sentido geral:	Vivacidade, aceitação da vida, vitalidade, generosidade, calor humano, frescor, autoconfiança
Profissão:	Confiança, sucesso, brilho
Relacionamento:	Calor, reconciliação, confirmação
Consciência:	Florescer da natureza ensolarada, o Si-mesmo
Sentido espiritual:	A redescoberta da simplicidade
Objetivo:	Libertação/superação do que temos de escuro em nós
Sombra:	Obras ofuscantes, saliência, ressequimento
Carta invertida:	Mexericos, egoísmo, ingenuidade
19 como quintessência	O brilhante caminho do sucesso acompanhando a vitoriosa trajetória do Sol, que leva à compreensão das necessidades (10 = a Roda da Fortuna) e ao domínio do destino (1 = o Mago)

O JULGAMENTO

XX – O Julgamento

Arquétipo:	A arrecadação do tesouro, a solução, o beijo salvador
Sentido geral:	Ressurreição, reanimação, vitória do bem, nascimento suave ou libertação, o verdadeiro
Profissão:	Bom término, solução, vocação
Relacionamento:	A verdadeira união, o "tesouro"
Consciência:	Entendimento maduro, profundo, liberdade
Sentido espiritual:	Tomar conhecimento da natureza divina
Objetivo:	Libertação da sorte até o momento (libertação)
Sombra:	"Tempestade em copo d'água"
Carta invertida:	Autoilusão, aprisionamento
20 como quintessência	O caminho libertador da solução e da arrecadação do tesouro, que leva à profunda gratidão e à confiança na voz interior (2 = a Sacerdotisa).

XXI – O Mundo

Arquétipo:	O reencontro do Paraíso, a coroação do herói como rei
Sentido geral:	Alcançar a meta, encontrar seu próprio lugar, atingir o auge, obter a plenitude feliz, harmonia, viagens
Profissão:	Vocação, descobrir sua missão
Relacionamento:	A vida em comunidade, harmonia, felicidade
Consciência:	Impulso rumo à visão decisiva
Sentido espiritual:	Na maioria das vezes, contradições interiores
Objetivo:	Recomposição da unidade primordial
Sombra:	Fuga ao mundo, perdição, andar por atalhos
Carta invertida:	Imobilidade, diminuição dos impulsos
21 como quintessência	O feliz caminho para a redescoberta do Paraíso, que leva à descoberta de um solo novo e fértil (3 = a Imperatriz)

As 56 cartas dos Arcanos Menores

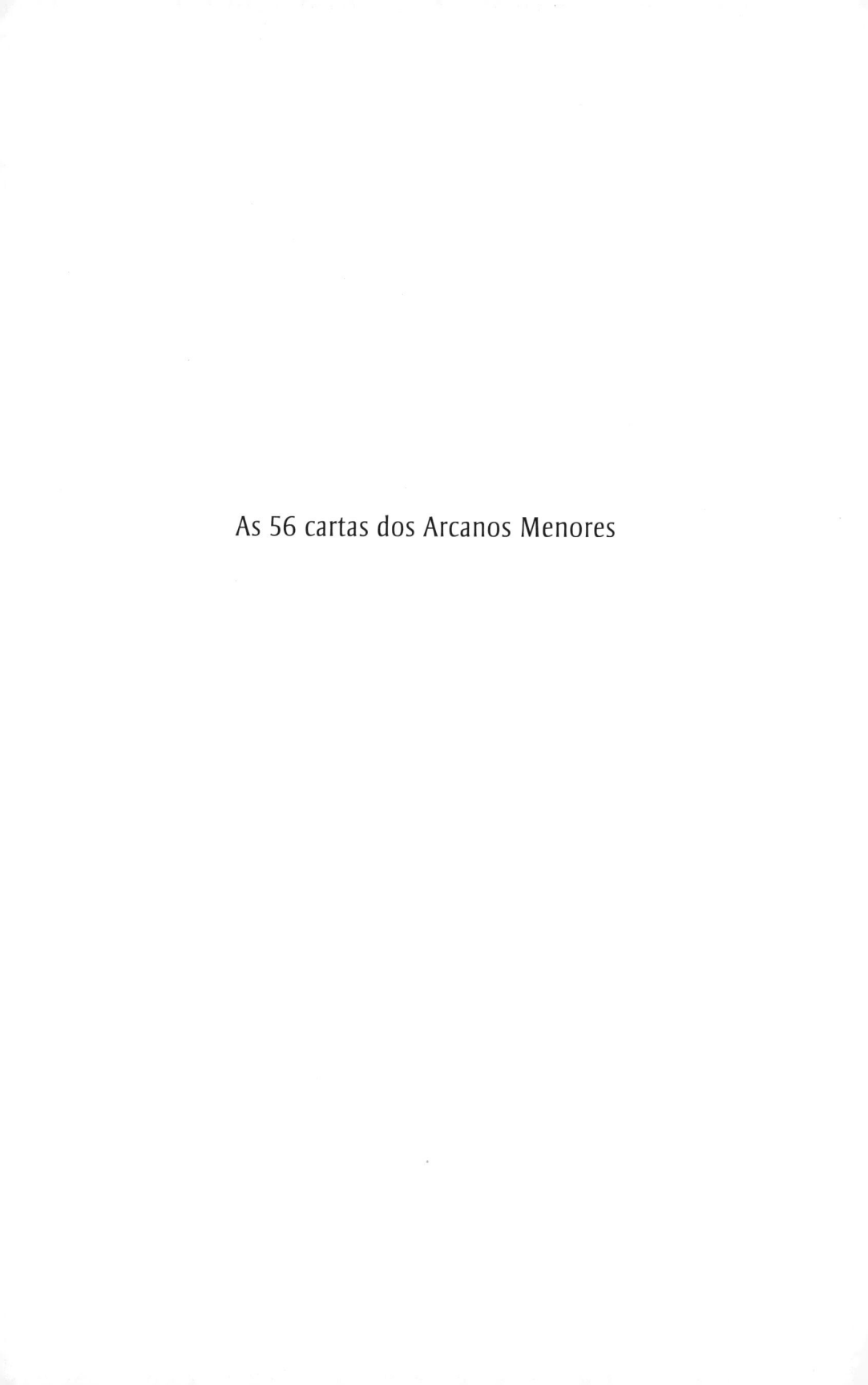

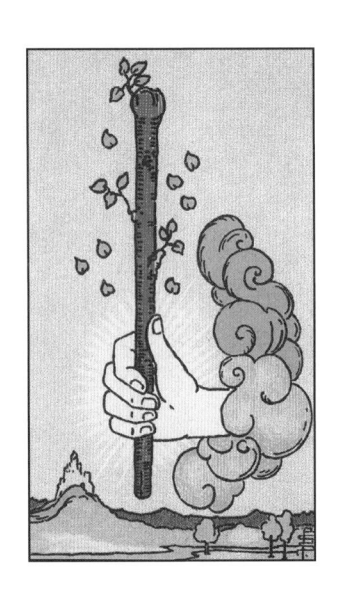

Ás de Paus

Sentido geral:	Chance de autodesenvolvimento, oportunidades, coragem, temeridade, provar que se tem espírito de ação e força de vontade
Profissão:	Chance de autorrealização, ambição, motivação, espírito de ação
Relacionamento:	Vivacidade, prazer, atração física
Consciência:	Capacidade para convencer os outros, segurança pessoal
Objetivo:	Crescimento e autodesenvolvimento
Sombra:	Sensualidade, pressa demasiada, ativismo
Carta invertida:	Vazio espiritual, tranquilidade, atrevimento

2 de Paus

Sentido geral:	Indiferença, conhecimento oral, neutralidade descolorida, exercer pressão
Profissão:	Carência de envolvimento, indecisão
Relacionamento:	Indiferença amorosa, apatia
Consciência:	Letargia, inconstância de pontos de vista
Objetivo:	Envolvimento, coragem para assumir as coisas, carisma
Sombra:	Adaptabilidade, aparência de falsa satisfação
Carta invertida:	Surpresas, espanto, sucesso aparente

3 de Paus

Sentido geral:	Firme capacidade de permanência, junto com perspectivas bastante promissoras, confiança, segurança e sucesso
Profissão:	Boa fase, criação de perspectivas de longa duração
Relacionamento:	Relacionamentos seguros, promissores
Consciência:	Polêmica com o objetivo de vida
Objetivo:	Visão ampliada, confiança
Sombra:	Perder-se no futuro
Carta invertida:	Os propósitos estouram como bolhas de sabão

4 de Paus

Sentido geral:	Paz, alegria, harmonia, ser bem-vindo ou dar as boas--vindas aos outros
Profissão:	Boa motivação, novos contatos, novos caminhos
Relacionamento:	Harmonia, segurança e proteção, despreocupação
Consciência:	Franqueza, busca de novos estímulos
Objetivo:	Sair de dentro de si mesmo
Sombra:	Falsa franqueza, esnobismo
Carta invertida:	O significado continua o mesmo

5 de Paus

Sentido geral:	Desafio, competição, briga em caráter de brincadeira, medição de forças
Profissão:	Concorrência, determinação desacostumada de tarefas
Relacionamento:	Competir um com o outro, medindo forças, irritação mútua
Consciência:	Obtenção de (novas) convicções
Objetivo:	Pôr o próprio conhecimento à prova
Sombra:	Luta aparente, confusão nos negócios
Carta invertida:	Luta (pelo direito), enganar os outros

6 de Paus

Sentido geral:	Vitória, reconhecimento, boas notícias, volta satisfatória
Profissão:	Sucesso, popularidade, desafios
Relacionamento:	Solução dos problemas, boas notícias, sorte
Consciência:	A transformação de perdedor em vencedor
Objetivo:	A confiança e a autoconfiança devem ser divulgadas
Sombra:	Pretensão de ser o que não se é, pressa demasiada
Carta invertida:	Temor, hesitação, traição, infidelidade

7 de Paus

Sentido geral:	Polêmica, inveja e má vontade dos outros, ter de se justificar
Profissão:	Abrir caminho a cotoveladas, enfrentar condições rígidas de mercado
Relacionamento:	Brigas, ameaças ao relacionamento da parte de terceiros
Consciência:	Sofrer atentados por causa das convicções pessoais
Objetivo:	Prova da constância e da atenção
Sombra:	Provocação de brigas
Carta invertida:	Perplexidade, preocupação, achar que pode fazer mais do que a sua capacidade permite

8 de Paus

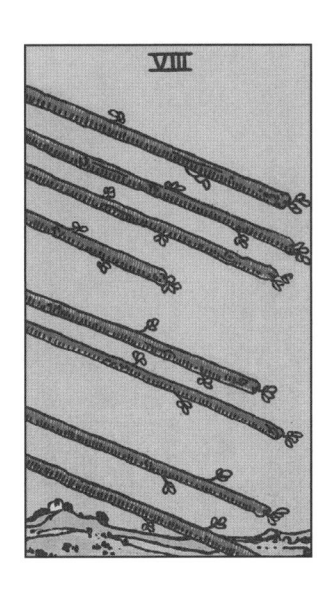

Sentido geral:	Indicação de um acontecimento prestes a ocorrer, indicação de que há "algo no ar"
Profissão:	Sucesso surpreendente, influências favoráveis
Relacionamento:	As setas do amor, boas vibrações
Consciência:	Impulsos inesperados, grandes esperanças
Objetivo:	Trazer o novo
Sombra:	Leviandade, precipitação, desperdício de energias
Carta invertida:	Ciúme, remorsos, dúvidas

9 de Paus

Sentido geral:	Endurecimento, atitude de teimosia, sentir-se ameaçado mesmo onde não existe nenhuma ameaça
Profissão:	Contrariedade por ter de fazer mudanças, ter medo sem ter motivos
Relacionamento:	Fronteiras armadas, o medo da "criança que já se queimou"
Consciência:	Contrariedade em estudar, teimosia
Objetivo:	Cultivar velhas feridas, continuar um caminho a muito iniciado sem se perder
Sombra:	Excentricidade, perfeccionismo
Carta invertida:	Impedimentos, infelicidade, adiamentos

10 de Paus

Sentido geral:	Exigências excessivas, pressão, falta de perspectivas, situação aflitiva, manipulação desajeitada de situações, o desejo de fazer tudo sozinho
Profissão:	Responsabilidade grande demais, serviço na linha de frente
Relacionamento:	Grande depressão, falta de esperanças
Consciência:	Sobrecarga, não conseguir arranjar-se na vida
Objetivo:	Crescer para uma nova dimensão (responsabilidade), aprender e ensinar algo
Sombra:	Retrair-se e permanecer com a falta de perspectivas
Carta invertida:	Contradições, perturbações, mentiras

Valete de Paus*

Sentido geral:	O Valete oferece uma oportunidade, um impulso ou sugestão irresistível que o consulente deve aceitar com satisfação
Profissão:	Novo serviço ou posição (por exemplo, no Exterior)
Relacionamento:	Impulso revigorante, férias em conjunto
Consciência:	Estimulação essencial para nossas convicções
Objetivo:	Vivacidade e alegria de viver
Sombra:	Fogo de palha, empreendimento arriscado
Carta invertida:	Má notícia, logros

---

* Para saber as características especiais das Cartas da Corte (Valete, Cavaleiro, Rainha, Rei), ver p. 23.

Cavaleiro de Paus

Sentido geral:	O cavaleiro representa uma disposição calorosa e sensual repleta de impaciência e fome de acontecimentos
Profissão:	Afinco, precipitação, empreendimentos arriscados
Relacionamento:	Temperamento esquentado, paixão, brigas
Consciência:	Tempestuosidade e impulsividade, satisfação e alegria
Objetivo:	Calor humano, aceitação da vida, plenitude de experiências
Sombra:	Situações perigosas e precárias, provocar inquietações, destruição
Carta invertida:	Distanciamento, separação, briga intencional

Rainha de Paus

Sentido geral:	Uma mulher com o tipo de personalidade fogosa (do elemento Fogo), temperamental, voluntariosa, enérgica, idealista, lutadora, capaz de entusiasmar-se, corajosa, empreendedora, autodeterminada
Imagens:	Amazona, companheira de lutas, Joana D'Arc
Sombra:	Rainha do drama, mulher de luxo, despótica
Carta invertida:	Reservada, desconfiada, traiçoeira

Rei de Paus

Sentido geral:	Um homem do tipo fogoso (personalidade do elemento Fogo), voluntarioso, dinâmico, empreendedor, capaz de demonstrar entusiasmo, temperamental, com capacidade de liderança, autoconsciente
Imagens:	Herói solar, lutador, conselheiro, Rei Arthur, Barba Azul, Salomão
Sombra:	Pessoa impetuosa, fogosa, de sorte, fanática em razão de sua força de convicção
Carta invertida:	Desconsiderado, severo

Ás de Espadas

Sentido geral:	Oportunidade de esclarecer alguma coisa, de se distanciar, de examinar criticamente uma situação, oportunidade de chegar a um conhecimento valioso ou a uma decisão
Profissão:	Solução de problemas, análise crítica
Relacionamento:	Esclarecimento racional, conversa franca
Consciência:	Coroação do conhecimento, ideia decisiva
Objetivo:	Clareza, sabedoria, objetividade
Sombra:	Desamor, língua viperina
Carta invertida:	Engano, decisão errada, furtos

2 de Espadas

Sentido geral:	Dúvidas persistentes, indecisão, os limites do intelecto
Profissão:	Dúvida sobre o procedimento futuro
Relacionamento:	Falta de confiança no parceiro
Consciência:	Esquisitice intelectual, desespero
Objetivo:	Chegar ao conhecimento mais elevado por meio de dúvidas metódicas
Sombra:	A própria carta é o polo sombrio da carta da Sacerdotisa
Carta invertida:	Traição, decisão incorreta, gatunagem

3 de Espadas

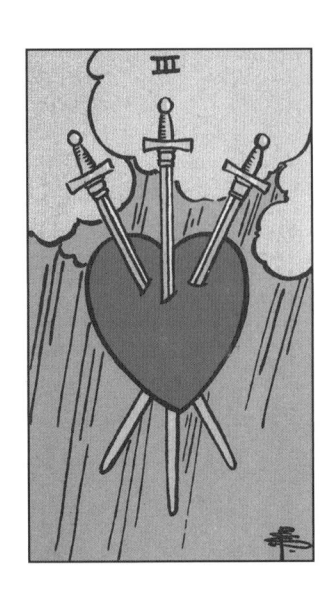

Sentido geral: Reconhecimento doloroso, decepção, decisão sagaz, porém difícil, renúncia
Profissão: Uma decisão dura, criticismo contundente
Relacionamento: Desgosto de amor, desilusão, lágrimas
Consciência: Tornar-se receptivo a uma verdade desagradável
Objetivo: Autolimitação sábia
Sombra: Tirania da inteligência sobre os sentimentos
Carta invertida: Distanciamento, erros, brigas, quebra da palavra

4 de Espadas

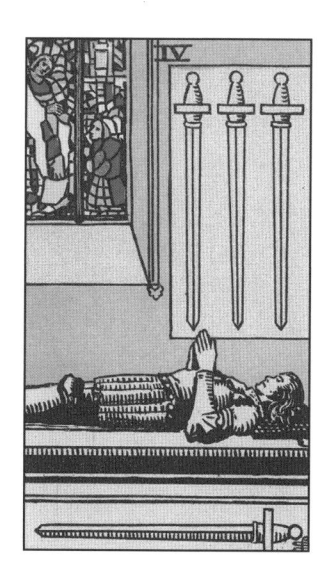

Sentido geral:	Paralisação, pausa obrigatória, doença, isolamento, hiato nas atividades
Profissão:	Estagnação, esgotamento
Relacionamento:	Isolamento, ascese, retiro para a solidão
Consciência:	Exaustão espiritual
Objetivo:	Exigência de fazer uma pausa urgente para reunir novas forças
Sombra:	Ser obrigado a ficar quieto (devido a uma doença, por exemplo)
Carta invertida:	Liderança sábia, covardia, fraqueza dos nervos

5 de Espadas

Sentido geral:	Derrota, humilhação, baixeza, infortúnio, infâmia
Profissão:	Perda, falta de escrúpulos, demissão do emprego
Relacionamento:	Fracasso, impiedade, sadismo
Consciência:	Destrutividade, abatimento
Objetivo:	Aviso da existência de uma armadilha
Sombra:	A própria carta é um tema da sombra
Carta invertida:	Infortúnio, maldade, tendência para o mal

6 de Espadas

Sentido geral:	Despertar de sentimentos imprecisos, modificação, mudança, viagem
Profissão:	Troca de âmbito profissional, demissão do emprego
Relacionamento:	Aceitar o novo
Consciência:	Desistir de antigos pontos de vista, orientar-se cuidadosamente pelo novo
Objetivo:	Partida para novos portos
Sombra:	Vagabundar, não ter pátria
Carta invertida:	Hesitação para aceitar convites

7 de Espadas

Sentido geral:	Chicanas e malícia, furtar-se a uma obrigação, trapaça, traição, esquivar-se de alguma coisa
Profissão:	Negócios escusos, intrigas, astúcias
Relacionamento:	Fugir de uma conversa esclarecedora, falta de sinceridade, infidelidade
Consciência:	Viver uma mentira, fugir às verdades
Objetivo:	Astúcia
Sombra:	A carta simboliza o lado sombrio do Mago
Carta invertida:	Falatório, desistir pouco antes de atingir o objetivo

8 de Espadas

Sentido geral:	Inibição, proibição, renúncia, limitação, deixar de poder viver alguma coisa essencial
Profissão:	Manter-se rigidamente "sob controle"
Relacionamento:	Reprimir aspectos (da sombra) importantes da personalidade, estar imprensado
Consciência:	Controle dos sentimentos, acanhamento
Objetivo:	A carta pode demonstrar o possível e necessário autocontrole para alcançar um objetivo mais elevado
Sombra:	Tirania da inteligência sobre os sentimentos
Carta invertida:	Esforço sem recompensa, resistência, traição

9 de Espadas

Sentido geral:	Medo, preocupações, remorsos, noites insones, pesadelos, desespero
Profissão:	Crise, arrependimento, insucesso, medo de representar ou de falar em público
Relacionamento:	Abandono, dúvida acerca de si mesmo, desgosto
Consciência:	Pensamentos dolorosos, martirizar-se
Objetivo:	O medo como tabuleta de sinalização no caminho do amadurecimento
Sombra:	Desistência, desesperar-se, crueldade
Carta invertida:	Maldade, falatório, vergonha

10 de Espadas

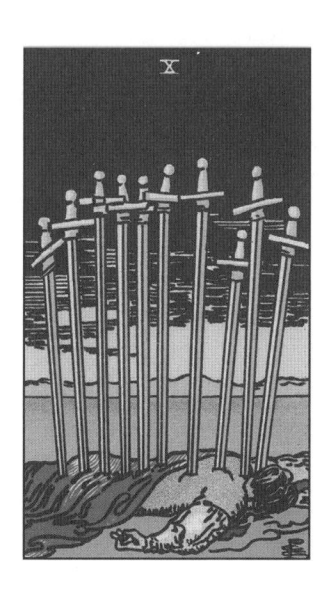

Sentido geral:	Fim intencional, ponto final, morte, *tabula rasa*
Profissão:	Demissão, mudança abrupta de emprego
Relacionamento:	"Pôr um ponto final na relação", separar-se com violência
Consciência:	Afastamento intempestivo, violento, solução brutal
Objetivo:	Separação definitiva, consciente, ou rejeição
Sombra:	Crueldade, raiva destruidora
Carta invertida:	Vantagem passageira, melhora aparente

Valete de Espadas

Sentido geral:	Oportunidade de esclarecer algo, mas probabilidade de um conflito subsequente
Profissão:	Um debate ameaçador, crítica
Relacionamento:	Crise, briga, diálogo esclarecedor
Consciência:	Discussões, verdades dolorosas
Objetivo:	Clareza, percepção intuitiva, objetividade
Sombra:	Alfinetadas destituídas de sentido, maldade
Carta invertida:	Insucesso, deslealdade

Cavaleiro de Espadas

Sentido geral:	Disposição séria, fria, gelada; queda de temperatura, agressividade, relacionamento frio com os outros
Profissão:	Ambiente de trabalho desagradável, conflitos, fracassos
Relacionamento:	Crise, vontade de brigar, baixezas desnecessárias
Consciência:	Calculismo frio, chegando a ser gelado
Objetivo:	Polêmica destituída de emoção
Sombra:	Vontade intencional de destruição
Carta invertida:	Descuido, rivalidade, pretensão de ser o que não é

Rainha de Espadas

Sentido geral:	Uma mulher com temperamento aéreo (do elemento Ar), de fria a gelada, inteligente, ladina, independente, esperta, encantadora, com facilidade de expressão, arguta, calculista, distante, pouco acessível. A mulher que, graças à força da sua inteligência, se livrou de todas as dependências
Imagens:	Noiva do vento, Lorelei, sereia, "a loira"
Sombra:	A cínica impiedosa, calculista
Carta invertida:	Imperiosa, hipócrita, mulher faladeira

Rei de Espadas

Sentido geral:	Um homem com personalidade relativa ao elemento Ar: frio e conciso, orientado pela inteligência, inteligente, divertido, crítico, esperto, neutro, distanciado, instável. O conselheiro objetivo, entendido no assunto em pauta
Imagens:	O ardiloso Ulisses, o eternamente jovem Adônis, o apaixonado por si mesmo, Narciso
Sombra:	O zombeteiro, o cínico, o negociante racionalmente frio
Carta invertida:	Impiedade, sadismo

Ás de Ouros

Sentido geral:	Uma oportunidade valiosa ou uma chance de descobrir riquezas quer interiores quer exteriores. Uma oportunidade que promete grande felicidade, mas que precisa ser descoberta
Profissão:	Estabilidade, sucesso, certeza, dinheiro, satisfação, reconhecimento público
Relacionamento:	Felicidade e estabilidade
Consciência:	Conhecimentos valiosos, ideias, soluções
Objetivo:	Riqueza interior e exterior, estabilidade
Sombra:	Brilho exterior, riqueza que traz infelicidade
Carta invertida:	Materialismo, pobreza espiritual, avareza

2 de Ouros

Sentido geral:	Flexibilidade, indecisão brincalhona, deixar-se conduzir pela correnteza, despreocupação, confiança instintiva
Profissão:	Mobilidade, postura descontraída e até leviana
Relacionamento:	Perder despreocupadamente no jogo, instabilidade
Consciência:	Despreocupação descomplicada
Objetivo:	Sabedoria do Louco
Sombra:	Adaptabilidade, carência de critérios, instabilidade, cabotinismo, leviandade
Carta invertida:	Falsa alegria, instabilidade

3 de Ouros

Sentido geral:	Progresso, vencer as provas, poder submeter o próprio conhecimento à prova, entrar num novo âmbito (misterioso)
Profissão:	Promoção, final de uma educação
Relacionamento:	Superação de crises, nova estabilidade
Consciência:	Novo crescimento, autorrealização
Objetivo:	Ingressar nos mistérios mais profundos
Sombra:	Autobajulação, arrogância
Carta invertida:	Mediocridade, estupidez, tolice

4 de Ouros

Sentido geral:	Acumulação de víveres, avareza, necessidade excessiva e questionável de segurança, apego, responsabilidade imposta
Profissão:	Carregar o fardo da segurança, da animação
Relacionamento:	Aprisionar, tiranizar, medo de ser abandonado
Consciência:	Ideia fixa, teimosia, não se deixar influenciar
Objetivo:	Estabilidade, jogar "no número certo", ou seja, agir só quando tem certeza
Sombra:	Cobiça, permanecer "no sofrimento conhecido"
Carta invertida:	Perda de tempo, de dinheiro e da alegria de viver

5 de Ouros

Sentido geral:	Crise, privação, aperto, necessidade de alguma coisa, solo quebradiço, pobreza, correr riscos
Profissão:	Problemas, incertezas, medo de perder
Relacionamento:	Abandono, transformação, teste de rigidez
Consciência:	Crise de mutação, consciência da pobreza
Objetivo:	Aumento das experiências a partir das crises de crescimento
Sombra:	Fracasso, derrocada, falência
Carta invertida:	O caminho escolhido leva à ruína

6 de Ouros

Sentido geral:	Generosidade, dar e receber presentes, tolerância, disposição para ajudar, boa situação, sociabilidade
Profissão:	Encontrar apoio, ser recompensado
Relacionamento:	Compreensão, tolerância, ajuda recíproca
Consciência:	Magnanimidade, tornar-se consciente da própria riqueza
Objetivo:	Superação de crises, desafiar os outros
Sombra:	Fanfarronice, posição artificial de doador
Carta invertida:	Desperdício, cobiça, dívidas

7 de Ouros

Sentido geral:	Paciência; crescimento lento, porém constante; tempo de amadurecimento
Profissão:	Fase de crescimento estável, paciência que leva ao sucesso
Relacionamento:	Estabilidade e crescimento, gravidez
Consciência:	Provas de paciência, lento amadurecimento do conhecimento
Objetivo:	Uma rica colheita como recompensa pela paciência
Sombra:	Teimosia, apatia, desânimo
Carta invertida:	Impaciência e precipitação causando perdas

8 de Ouros

Sentido geral:	Início, novo aprendizado, alegria por criar algo e confiança, destreza apreciável
Profissão:	Início de um trabalho duradouro e rico em perspectivas
Relacionamento:	Um novo começo, novos impulsos
Consciência:	Novo aprendizado, começo de uma nova fase
Objetivo:	Obtenção de conhecimentos sólidos e duradouros por meio de um aprendizado consciente
Sombra:	Rápido decréscimo do interesse
Carta invertida:	Grande ambição, trabalho malfeito, charlatanismo

9 de Ouros

Sentido geral:	Lucros, surpresa agradável, melhora súbita, mudança favorável dos acontecimentos
Profissão:	Sucesso, promoção, aumento do ordenado
Relacionamento:	O encontro que traz felicidade
Consciência:	Tornar-se subitamente consciente da própria riqueza e de suas habilidades
Objetivo:	O encontro com a plenitude
Sombra:	Ganância, fazer jogo duplo
Carta invertida:	Lucros ilegítimos, esperanças frustradas

10 de Ouros

Sentido geral:	Riqueza, segurança, estabilidade, sucesso, bases sólidas
Profissão:	Realização dos planos, riqueza interior e exterior
Relacionamento:	Estabilidade, felicidade familiar, o encontro de um lar
Consciência:	Riqueza de pensamentos, conhecimentos assegurados
Objetivo:	Abrir os olhos para as riquezas do dia a dia
Sombra:	O "besouro dourado", prender-se unicamente ao dinheiro
Carta invertida:	Perdas, pretensa segurança

Valete de Ouros

Sentido geral:	Uma boa oportunidade que se apresenta, uma proposta séria, um impulso valioso para o consulente
Profissão:	Uma proposta sólida, uma oferta lucrativa
Relacionamento:	Um encontro enriquecedor, um gesto honesto e valioso do parceiro
Consciência:	Verdadeiros choques de consciência provocados por outras pessoas
Objetivo:	Chegar a resultados comprovados
Sombra:	Tentativa de suborno, ofertas ilusórias
Carta invertida:	Lidar com o dinheiro da forma errada, desilusão

Cavaleiro de Ouros

Sentido geral:	Disposição firme para trabalhar com afinco e duração, formação sólida e honra dos valores reais
Profissão:	Trabalho valoroso, negócios sólidos
Relacionamento:	Confiança, relacionamento firme e sensual
Consciência:	Senso claro de realidade, imperturbabilidade
Objetivo:	Maturidade, firmeza, sucesso com crescimento
Sombra:	Teimosia, fleugma, apego ao ultrapassado
Carta invertida:	Preguiça, estagnação, indolência

Rainha de Ouros

Sentido geral:	Uma mulher com o tipo de personalidade próprio do elemento Terra, com os pés firmes no chão, confiável, realista, bondosa, esforçada, fecunda, higiênica e sensual
Imagens:	A boa mãe, Deméter, a camponesa, a vivandeira, "Mãe Coragem"
Sombra:	A madrasta, a mulher cobiçosa, robusta, de vistas curtas
Carta invertida:	Mulher corrupta, materialista, má

Rei de Ouros

Sentido geral:	Um homem com o tipo de personalidade comum ao elemento Terra, bom negociante, pragmático, confiável, prático, sensual, lascivo
Imagens:	O patriarca, o rico Creso ou o sensual Dioniso, o camponês, o negociante
Sombra:	O "cavador", o unha de fome, o tirano, o libertino
Carta invertida:	Lerdo, corrupto, "escamoso"

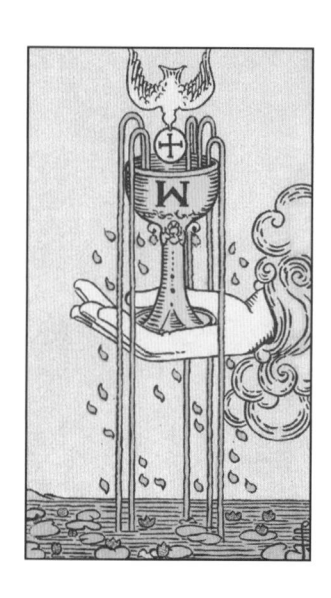

Ás de Copas

Sentido geral:	Oportunidade de encontrar a maior das felicidades, de descobrir a mais profunda plenitude, harmonia e realização dos sonhos
Profissão:	Verdadeira vocação, reconhecimento público, concretização dos ideais
Relacionamento:	Grande amor, confiança, profunda felicidade
Consciência:	Conseguir a unidade mística, ter a experiência da misericórdia
Objetivo:	Iluminação, transformação, alcançar a perfeição, crença
Sombra:	Deixar de aproveitar a chance ou perdê-la
Carta invertida:	Fingimento, desespero, carência afetiva

2 de Copas

Sentido geral:	O encontro carinhoso, receber as boas-vindas, ir ao encontro do outro
Profissão:	Bom espírito de equipe, compreensão, apoio
Relacionamento:	Apaixonar-se, reconciliar-se com alguém
Consciência:	Buscar os encontros, buscar o amor do próximo
Objetivo:	Harmonia, tranquilidade, amor
Sombra:	Simpatia hipócrita, fingida
Carta invertida:	Separação, traição, indiscrições

3 de Copas

Sentido geral:	Sucesso e gratidão, convalescença, partilhar a própria alegria com os outros
Profissão:	Fazer as tarefas e passar nos testes, promoções, satisfações profissionais
Relacionamento:	Casamento, maternidade, grande felicidade
Consciência:	Sentir uma profunda gratidão
Objetivo:	Verdadeira alegria de viver
Sombra:	Pretensa alegria, cantar vitória antes do tempo
Carta invertida:	Cobiça, sensualidade, voluptuosidade

4 de Copas

Sentido geral:	Mau humor, ficar ofendido à toa, perder uma oportunidade promissora por puro aborrecimento
Profissão:	Desgosto, profundo mau humor, convencimento
Relacionamento:	Zangar-se, fazer com que o "ambiente fique pesado", apatia
Consciência:	Crise devida a uma vida não realizada, aborrecimento consigo mesmo
Objetivo:	Novo posicionamento diante da vida, novo entusiasmo
Sombra:	Perder oportunidades importantes pelo fato de estar zangado
Carta invertida:	Novo relacionamento, percorrer novos caminhos

5 de Copas

Sentido geral:	Desgosto, perdas, abandono, preocupações, esperanças frustradas
Profissão:	Problemas, fracasso, perdas
Relacionamento:	Desgosto amoroso, perda do companheiro, decepção, ficar só
Consciência:	Reconhecimento doloroso das coisas, abandono
Objetivo:	Novos princípios, grandes modificações
Sombra:	Permanecer em crise por ficar paralisado como que por encantamento
Carta invertida:	Novas ligações, nova união com alguém

6 de Copas

Sentido geral:	Olhar para trás (em parte com alegria, em parte com saudade), lembrar-se de velhos quadros, de antigos desejos, planos e perspectivas, nostalgia
Profissão:	Perda de tempo divagando, lembranças que levam à invenção criativa, artística
Relacionamento:	Nadar em recordações (dolorosamente), lembrar-se de velhos desejos, caráter namorador
Consciência:	Refletir, trazer velhas imagens à memória
Objetivo:	Criar beleza por meio da arte e da poesia
Sombra:	Escapismo, perder-se no passado, viver no "eterno passado"
Carta invertida:	Retroceder, falta de adaptação ao presente

7 de Copas

Sentido geral:	Visões, sentimentalismo frequente, ilusões, pensamento fixo nos desejos
Profissão:	Construir castelos no ar, negócios imaginários
Relacionamento:	Espírito namorador, paixão, sedução, embriaguez amorosa
Consciência:	Visão, óculos cor-de-rosa, escapismo
Objetivo:	Clarividência que promete sucesso se o consulente se concentrar somente em seu objetivo
Sombra:	Iludir os outros ou tornar-se vítima de uma ilusão
Carta invertida:	Construir sobre falsas esperanças

8 de Copas

Sentido geral:	Partida com o coração pesado, partir para o desconhecido, partida graças a uma decisão pessoal
Profissão:	Despedida, demissão do emprego, mudança de emprego
Relacionamento:	Separação, partir para novos caminhos, "cortar" o cordão umbilical
Consciência:	Desapegar-se de conceitos e procedimentos aos quais criou afeição
Objetivo:	O caminho para a liberdade
Sombra:	Eterna inquietação, nunca chegar a lugar algum
Carta invertida:	Procurar pela felicidade, grande alegria

9 de Copas

Sentido geral:	Satisfação, alegria de viver, companheirismo, despreocupação, descontrair-se
Profissão:	Bom espírito de equipe, gosto pelo trabalho
Relacionamento:	Tempos alegres, cordialidade, amizade profunda
Consciência:	Tornar-se consciente dos aspectos belos da vida e gozá-los
Objetivo:	Segurança interior, alegria de viver
Sombra:	Sensualidade, comer e beber à farta, tentativas inoportunas de travar relações
Carta invertida:	Vaidade pessoal, teimosia

10 de Copas

Sentido geral:	Grande felicidade, profunda harmonia, felicidade familiar, segurança emocional
Profissão:	Harmonia, contatos importantes, alegria
Relacionamento:	Novas amizades, riqueza de sentimentos, noivado, casamento
Consciência:	Paz e concórdia, amor pela humanidade
Objetivo:	Sentir-se em casa, sensação de chegar ao lar
Sombra:	Felicidade "aos pedacinhos"
Carta invertida:	Final de uma amizade, brigas

Valete de Copas

Sentido geral:	Um gesto amigo que é oferecido ao consulente, uma boa oportunidade que surge no seu caminho favorecendo-o, dando-lhe sorte
Profissão:	Elogios e reconhecimento, impulso satisfatório na carreira
Relacionamento:	Gestos amigáveis de reconciliação, pedido de casamento, oportunidade para se apaixonar
Consciência:	Estimulação benfazeja da parte dos outros
Objetivo:	Profunda comoção interior e transformação
Sombra:	A chance um tanto vaga, a oferta insegura, a bolha de sabão, sedução
Carta invertida:	Desilusão, natureza influenciável, uso de malícia

Cavaleiro de Copas

Sentido geral:	Atmosfera amiga, carinhosa, conciliadora; harmonia e sensualidade
Profissão:	Bom humor, clima harmonioso de trabalho
Relacionamento:	Sensualidade, proteção, primavera
Consciência:	Dedicação ao mundo de imagens da alma
Objetivo:	Harmonia, realização, sabedoria
Sombra:	Falsidade, sentimentalismo, viscosidade
Carta invertida:	Trapaça, duplicidade, astúcia

Rainha de Copas

Sentido geral:	Uma mulher com o tipo de personalidade comum ao elemento Água: sensível, suave, mediúnica, romântica, prestativa, solidária
Imagens:	Rainha dos sentimentos, a fada boa, a ajudante, a mulher sábia
Sombra:	A mulher maldosa, traidora e falsa, Circe, Hécate
Carta invertida:	Mulher depravada, desonrada

Rei de Copas

Sentido geral:	Um homem com o tipo de personalidade comum ao elemento Água: sentimental, suave, mediúnico, romântico, intuitivo
Imagens:	Rei dos sentimentos, o rei prestativo e amoroso, o velho sábio, o samaritano
Sombra:	O traidor, o charlatão, o fanático
Carta invertida:	Homem maldoso, ambíguo

Diferenças de Significado em Cartas Sobre o Mesmo Tema

O MUNDO

Palavra-chave	Carta	Significado especial
Abstinência	O Eremita	Abstinência voluntária, ascese, jejum
	A Temperança	Medida correta entre prazer e abstinência
	9 de Paus	Conter-se, reprimir-se, defender-se de forma agressiva
	3 de Espadas	Decisão sábia por uma dolorosa abstinência
	4 de Espadas	Ser obrigado à abstinência
	4 de Copas	Crises no início de uma fase de abstinência
Adiamento	O Enforcado	"Estar com a corda no pescoço" até "acender-se uma luz"
	4 de Espadas	Tranquilidade forçada, atividades impedidas
	7 de Ouros	A paciência leva à meta, a impaciência faz mal
Álcool	Ver: Embriaguez	
Alegria	O Louco	Alegria infantil, despreocupada
	O Mago	Alegria com o sucesso
	A Sacerdotisa	Alegria interior, tranquila
	A Imperatriz	Alegria com o novo
	O Imperador	Alegria com o alcançado
	O Hierofante	Alegria por ter encontrado a verdade
	Os Enamorados	Alegria afetiva
	O Carro	Alegria com a partida
	O Eremita	Alegria por estar só
	A Força	Sentir suas energias e a si mesmo cheio de prazer e alegria
	A Temperança	Alegria devida à descontração e harmonia interior
	A Estrela	Perspectivas alegres para o futuro
	O Sol	Alegria de viver, aceitação da vida
	O Julgamento	Alegria da salvação, por ser libertado
	O Mundo	Alegria de ter encontrado o seu lugar
	Ás de Paus	Oportunidade para o autodesenvolvimento
	3 de Paus	Perspectivas promissoras

Palavra-chave	Carta	Significado especial
Amor	4 de Paus	Ser alegre, esperar os outros com alegria
	5 de Paus	Alegre confronto de forças, alegria esportiva
	6 de Paus	Notícia agradável, mensagem de vitória
	8 de Paus	Surpresa agradável
	Cavaleiro zde Paus	Alegre impetuosidade (exagerada)
	Ás de Ouros	Chance de encontrar a alegria duradoura
	2 de Ouros	Alegre descontração, despreocupação
	6 de Ouros	Doação alegre ou alegria de ganhar presentes
	8 de Ouros	Alegre início
	9 de Ouros	Alegria com a felicidade interior ou exterior
	10 de Ouros	Alegria com a riqueza interior ou exterior
	Ás de Copas	Chance de alcançar a mais profunda alegria
	2 de Copas	Encontro alegre
	3 de Copas	Alegria com a profunda gratidão
	6 de Copas	Alegria com as recordações
	9 de Copas	Gozar alegremente da companhia dos amigos
	10 de Copas	As alegrias do amor
	Cavaleiro de Copas	Ambiente alegre
	Valete de Copas	Oferta satisfatória, um convite
	Os Enamorados	Dizer "sim" com toda a sinceridade
	A Temperança	Viver a harmonia profunda
	O Julgamento	Encontrar seu "tesouro", livrar-se, entre outras coisas, da solidão
	O Mundo	Ter descoberto o seu lugar (o parceiro, a família)
	4 de Paus	Ser bem-vindo, dar as boas-vindas aos outros
	8 de Paus	Apaixonar-se surpreendentemente
	10 de Ouros	Relacionamento seguro e estável

Palavra-chave	Carta	Significado especial
	2 de Copas	Encontro carinhoso, apaixonar-se
	7 de Copas	Usar "óculos cor-de-rosa", estar enamorado
	10 de Copas	Grande amor, harmonia e proteção
	Cavaleiro de Copas	Humor carinhoso, atmosfera propícia à paixão
	Valete de Copas	Uma chance de se apaixonar
Ascese	Ver: Abstinência	
Autoconfiança	O Mago	Autoconfiança proveniente da força adquirida e do que se aprendeu
	O Imperador	Autoconfiança com base na competência
	O Carro	Autoconfiança juvenil
	A Força	Autoconfiança graças à grande vitalidade
	O Sol	Autoconfiança como expressão de maturidade
Aventura	O Louco	O aventureiro, a busca por aventuras
	O Carro	Partida em busca de novas aventuras
	Ás de Paus	Chance de viver uma aventura
	5 de Paus	Ousar uma aventura
	6 de Paus	Ter passado por uma aventura
	7 de Paus	Estar em meio a uma aventura complicada
	9 de Paus	Fechar-se a uma aventura
	Valete de Paus	Convite para uma aventura
	Cavaleiro de Paus	Explodir de vontade de aventurar-se
Baixeza	Ver: Maldade	
Briga	5 de Paus	Competição, confronto justo de forças
	7 de Paus	Ter de lutar contra a inveja e os ataques dos outros
	9 de Paus	Sentir-se ameaçado, mesmo se não houver ameaça
	Ás de Espadas	Chance de esclarecer uma briga
	Cavaleiro de Espadas	Atmosfera irritante, rica de conflitos
	Valete de Espadas	Uma briga que traz crescimento

Palavra-chave	Carta	Significado especial
Carência	5 de Ouros	Sede de dinheiro
	8 de Espadas	Sede emocional
Chance[30]	Ás de Paus	Chance para autodesenvolvimento e autorrealização
	Valete de Paus	Uma chance que se apresenta (convite ou sugestão) para um empreendimento excitante
	Ás de Espadas	Chance de esclarecer algo, de descobrir alguma coisa
	Valete de Espadas	Uma chance que surge para uma polêmica esclarecedora
	Ás de Ouros	Chance de alcançar uma felicidade estável
	Valete de Ouros	Uma chance confiável de obter felicidade duradoura, sucesso profissional etc.
	Ás de Copas	Chance de descobrir a sua vocação bem como a mais plena felicidade
	Valete de Copas	Aparece a chance de se apaixonar, de se reconciliar, de ser feliz
Chantagem	Ver: Dependência	
Confiabilidade	O Imperador	Ter responsabilidades, organizar as coisas
	Ás de Ouros	Chance de se estabilizar
	Valete de Ouros	Uma proposta confiável
	Cavaleiro de Ouros	Ambiente confiável
Confiança	A Sacerdotisa	Confiança na voz interior
	O Hierofante	Confiança no sentido pessoal da vida
	A Estrela	Confiança no futuro

---

[30] Os *ases* mostram chances que existem para o consulente ou nele mesmo, no que diz respeito à questão em pauta. Essas chances não forçam sua presença. Elas têm de ser reconhecidas, estimuladas e concretizadas. Os Valetes mostram chances que se apresentam ao consulente e que não dependem de seus atos (pois provêm de fora, por meio de outras pessoas).

Palavra-chave	Carta	Significado especial
Conflitos	5 de Paus	Desafio que o consulente deve aceitar
	6 de Paus	Sair vencedor de um conflito
	7 de Paus	Conflito que o consulente deveria levar a sério
	9 de Paus	Embora não haja situação de conflito grave, o consulente, mesmo assim, se sente ameaçado
	2 de Espadas	Conflito interior, desarmonia
	5 de Espadas	Fracassar numa luta horrorosa
	7 de Espadas	Fugir de um conflito (por covardia)
	Cavaleiro de Espadas	Atmosfera gelada, rica de conflitos
	Valete de Espadas	Conflito que faz a pessoa subir
	4 de Copas	Ofender-se, ficar emburrado num canto
Controle	Ver: Disciplina	
Consciente/ inconsciente	O Louco	Consciência pura, procedimento inconsciente, instintivo
	O Mago	Consciência solar, força da consciência
	A Sacerdotisa	Consciência lunar, poder do inconsciente
	O Imperador	Estar consciente da responsabilidade
	A Justiça	Consciência do direito
	O Enforcado	Mudança de consciência
	A Morte	Consciência da finitude
	A Lua	Abismos do inconsciente
	Ás de Paus	Chance para o desenvolvimento da consciência
	Ás de Espadas	Chance de uma decisão clara e consciente
	2 de Ouros	Confiar inconscientemente no destino
	3 de Ouros	Entrada num novo âmbito de consciência
Convalescer	Ver: Curar-se	

Palavra-chave	Carta	Significado especial
Coragem	O Carro	Espírito de aventura, ousar o primeiro passo
	A Força	Comprometimento, lutar como um leão
	Ás de Paus	Chance de demonstrar coragem, força e energia
	5 de Paus	Coragem para aceitar um desafio
	6 de Espadas	Apesar do medo, correr para novas paragens
Covardia	7 de Espadas	Fugir dos problemas que surgem no caminho
	8 de Espadas	Não ousar viver um dos lados importantes da personalidade
	4 de Ouros	Medo de correr riscos
	7 de Copas	Fuga para um mundo ilusório
Criatividade	O Louco	Ideias espontâneas, "brainstorming", descobrir soluções não convencionais
	A Imperatriz	Um solo fértil que tem de ser arado
	A Torre	O raio do conhecimento (nem sempre agradável)
	7 de Ouros	Progresso contínuo, crescimento estável
	8 de Ouros	Elaboração e destruição de planos e posições
Curar-se	A Sacerdotisa	Curadora, terapeuta
	O Eremita	Cura pelo jejum
	A Força	Alcançar vitalidade e força
	A Temperança	Ser saudável e (ficar) sadio
	O Sol	(Reencontrar) o vigor juvenil
	O Julgamento	Salvação e libertação (de doença)
Decisão	A Sacerdotisa	Decisão instintiva
	Os Enamorados	Decisão de todo o coração
	A Justiça	Procedimento racional, objetivo
	Ás de Espadas	Oportunidade para uma decisão crítica sábia

Palavra-chave	Carta	Significado especial
Dependência	2 de Espadas	Decisão intelectual impedida em razão de dúvidas
	3 de Espadas	Decisão racional contrária ao sentimento
	2 de Paus	Falatório sem consequências
	2 de Ouros	Decisão instável, brincalhona
	O Diabo	Ser um viciado, dependente e capaz de ser chantageado
	A Torre	Ser libertado violentamente das dependências
	A Lua	Viver as profundezas de uma dependência
	O Julgamento	Ser libertado da dependência com suavidade
	9 de Paus	Defender-se contra a dependência
	Ás de Espadas	Chance de esclarecimento e de libertação
	3 de Espadas	Decisão dolorosa, superar a dependência
	5 de Espadas	Derrotas, desmascaramento e escândalos
	8 de Espadas	Proibir-se algo, reprimir-se
	9 de Espadas	Remorsos, desespero
	10 de Espadas	Pôr violentamente um ponto final em algo
	8 de Copas	Libertar-se com o coração pesado
Desconfiança	9 de Paus	Desconfiar de outras pessoas ou de circunstâncias (sem haver base)
	Ás de Espadas	Chance de testar algo criticamente
	2 de Espadas	Dúvidas visíveis, intranquilidade interior
	3 de Espadas	Desconfiar dos sentimentos
	Valete de Espadas	Oferta traiçoeira, explicação enganosa
	Cavaleiro de Espadas	Atmosfera envenenada, repleta de desconfiança
	4 de Ouros	Avareza e desconfiança do futuro

Palavra-chave	Carta	Significado especial
Desfiladeiro	O Eremita	Ascese, privação voluntária
	5 de Ouros	Aperto financeiro, sensação de insegurança
	8 de Espadas	Aperto espiritual, ter de conter-se
Desgosto	3 de Espadas	Conhecimento ou decisão dolorosos
	5 de Espadas	Derrota grave
	9 de Espadas	Noites insones, rancor, remorsos
	4 de Copas	Ficar aborrecido ou ofendido, "emburrar-se"
	5 de Copas	Desgosto com alguma coisa que se perdeu
Desilusão	9 de Paus	Endurecimento da alma devido a desilusões prévias
	3 de Espadas	O doloroso conhecimento de se ter iludido
	5 de Copas	Desilusão com os sentimentos mais profundos
	7 de Copas	Tendência a se deixar iludir
Desonestidade	O Diabo	Sedução que provoca o empobrecimento, decepção
	7 de Espadas	Trair e ser traído, mentir, roubar
	7 de Copas	Iludir-se e aos outros
Destruição	A Morte	O fim natural
	A Torre	Destruição súbita de falsos valores
	5 de Espadas	Destruição maldosa
	10 de Espadas	Fim e destruição intencionais
	5 de Ouros	Fendas no solo que podem levar à destruição
	5 de Copas	Desgosto por ter havido destruição
Disciplina	O Mago	Controlar a vontade
	O Imperador	Controlar-se, estruturar-se e ser ordeiro
	O Eremita	Disciplina como prática (meditativa)
	A Justiça	Exigir disciplina
	8 de Espadas	Conter-se, violentar a si mesmo

Palavra-chave	Carta	Significado especial
Doença	O Enforcado	Estar doente a fim de aprender algo (mudança de vida)
	4 de Espadas	Ficar doente "por decreto", pausa obrigatória
	5 de Ouros	Ficar doente por carência de algo
	8 de Espadas	Estar intimamente doente
Dor	A Imperatriz	A dor do nascimento do novo
	O Eremita	Dor da solidão, da contenção
	A Roda da Fortuna	A dor de modificações necessárias
	O Enforcado	A dor do conhecimento, retrocesso doloroso
	A Morte	A dor da despedida
	O Diabo	A dor da dependência
	A Torre	As dores das perdas e da destruição
	3 de Espadas	Conhecimento e decisão dolorosos
	4 de Espadas	As dores de uma doença
	5 de Espadas	Ferimentos e dores da derrota
	8 de Espadas	As dores do aprisionamento interior
	10 de Espadas	As dores da separação radical (ablactação)
	5 de Ouros	As dores da pobreza
	4 de Copas	A dor da ofensa e das feridas morais
	5 de Copas	A dor de não ser amado
	8 de Copas	A dor de ter de despedir-se da pessoa em quem se confia
Embriaguez	O Diabo	Os entorpecentes, o sedutor
	A Lua	Viagem de horror, melancolia, pessoa tristonha
	Ás de Copas	Chance de se embriagar
	4 de Copas	A ressaca na manhã seguinte
	6 de Copas	Embriaguez da nostalgia
	7 de Copas	Escapismo, vontade de se embriagar
Energia	Ver: Força	
Estabilidade	O Imperador	Força de organização, que se preocupa com a estabilidade
	O Eremita	Estabilidade interior
	3 de Paus	Solo estável, um apoio

Palavra-chave	Carta	Significado especial
	3 de Ouros	Entrar num campo estável
	7 de Ouros	Crescimento estável
	10 de Ouros	Estabilidade constante
Estar só	O Eremita	Retirar-se (para o mosteiro) a fim de encontrar a si mesmo
	10 de Paus	Acreditar que se tem de fazer tudo sozinho
	5 de Copas	Sentir-se só e abandonado
Falta	Ver: Carência	
Felicidade	A Roda da Fortuna	Mudança para melhor (dependendo das cartas restantes)
	O Julgamento	A solução feliz
	O Mundo	A felicidade de ter chegado
	4 de Paus	Ser feliz
	6 de Paus	Saída feliz, boa notícia
	Ás de Ouros	Chance de alcançar uma felicidade palpável
	8 de Ouros	Forjar a própria sorte
	9 de Ouros	O vencedor feliz, a surpresa agradável
	10 de Ouros	Felicidade constante
	Ás de Copas	Chance de chegar à profunda felicidade interior
	2 de Copas	O feliz encontro
	3 de Copas	Grande felicidade e profunda gratidão
	9 de Copas	Gozar a felicidade
	10 de Copas	Tempos felizes
Férias	Ver: Viagens	
Fim	A Morte	Fim natural
	10 de Espadas	Fim intencional, "pôr um ponto final"
Flerte	2 de Copas	Um encontro elegante
	Valete de Copas	Oportunidade para um flerte
	Cavaleiro de Copas	Disposição amorosa

Palavra-chave	Carta	Significado especial
Força	O Louco	Força dos instintos
	O Mago	Força criativa, força para influenciar e força para sugestionar
	A Sacerdotisa	Força do inconsciente, força mediúnica
	A Imperatriz	A selvagem força da natureza
	O Imperador	Força de ação, projetos a realizar
	O Hierofante	Força da fé
	Os Enamorados	Força dos sentimentos, da decisão tomada com o coração
	O Carro	Força da confiança, força juvenil
	A Força	Força da paixão, "força sobrenatural"
	O Eremita	A força concentrada em si mesma em nosso íntimo
	A Roda da Fortuna	A força do maior poder
	A Justiça	Força de julgamento
	O Enforcado	Falta de força
	A Morte	Força da transformação
	A Temperança	Força da serenidade interior
	O Diabo	Força instintiva inferior, atração da força do mal
	A Torre	Força destrutiva
	A Estrela	Força da confiança
	A Lua	Força das influências inconscientes
	O Sol	Força da superação
	O Julgamento	Força liberada
	O Mundo	Força do desenvolvimento do eu
	Ás de Paus	Chance de desenvolver a força
	3 de Paus	Enérgica capacidade de estabilidade
	5 de Paus	Competição de forças
	7 de Paus	Defender energicamente o próprio ponto de vista
	9 de Paus	Força de defesa, congregar todas as forças
	10 de Paus	Exigir demais das próprias forças
	Ás de Espadas	Força do conhecimento
	2 de Espadas	A destrutiva força da dúvida
	4 de Espadas	Decréscimo de forças
	5 de Espadas	Derrota das forças

Palavra-chave	Carta	Significado especial
Força de ação	Ver: Força	
Generosidade	Ver: Proporção e desproporção	
Harmonia	O Louco	Harmonia com o mundo dos instintos
	O Mago	Harmonia entre consciência e inconsciência
	A Sacerdotisa	Viver em harmonia com a voz interior
	O Eremita	Estar em harmonia consigo mesmo
	A Força	Harmonia do homem civilizado com sua natureza animalesca
	A Temperança	Serenidade harmoniosa
	A Estrela	Reconhecer ou viver a harmonia cósmica
	O Mundo	Integração harmoniosa dos quatro elementos
	4 de Paus	Abrir-se à harmonia
	Ás de Copas	Chance de encontrar a harmonia profunda
	2 de Copas	O encontro harmonioso
	10 de Copas	Harmonia constante
Humildade	Ver: Modéstia	
Imoderação	Ver: Moderação e Imoderação	
Impaciência	O Carro	Partida impaciente
	Cavaleiros de Paus	Clima de impaciência e espírito de ação
Inconsciente	Ver: Consciente/inconsciente	
Indigno de confiança	O Louco	Leviandade que não permite assumir compromissos
	2 de Ouros	Instabilidade, mudança constante de ponto de vista
	2 de Copas	Devaneio, ilusão, mentira

Palavra-chave	Carta	Significado especial
Infelicidade	A Roda da Fortuna	Tendência para o pior (dependendo das demais cartas)
	O Enforcado	Estar num aperto
	A Morte	Ter de se despedir
	O Diabo	Estar preso nas dependências
	A Torre	Colapso, catástrofe, fracasso
	A Lua	Medo e pesadelos
	3 de Espadas	Conhecimento doloroso, inoportuno
	4 de Espadas	Estagnação, pausa obrigatória
	5 de Espadas	Queda desonrosa, fracasso
	9 de Espadas	Grandes preocupações, noites insones
	10 de Espadas	Final doloroso, intencional
	5 de Ouros	Necessidade, pobreza, viver em solo instável
	4 de Copas	Profundo mau humor, má vontade, aborrecimento
	5 de Copas	Desgosto, rancor, felicidade partida
Inibição	O Eremita	Timidez, isolamento, introversão
	9 de Paus	Retraimento, defesa, sentir-se ameaçado
	8 de Espadas	Ser interiormente inibido ou retraído
Iniciação	O Mago	Seguir o caminho do Mago = conhecer, entender, dominar
	A Sacerdotisa	Seguir o caminho do místico = ser encontrado, tocado e transformado
	O Eremita	Preparação, introversão, jejum, retiro
	O Enforcado	Vivenciar a iniciação (mudança de vida)
	O Julgamento	A salvação, a liberação do divino
	3 de Ouros	Pisar no caminho da Iniciação
Instinto	Ver: Sentir	
Jejum	Ver: Abstinência	
Julgamento	Ver: Decisão	

Palavra-chave	Carta	Significado especial
Leviandade	O Louco	Despreocupação que pode levar a crises
	O Carro	Supervalorizar as próprias capacidades
	2 de Ouros	Falta de seriedade, própria das pessoas instáveis ou levianas
Libertação	A Torre	Libertação assustadora
	O Julgamento	Libertação suave, redenção
Maldade	O Diabo	Sedução traiçoeira, extorsão maldosa
	7 de Paus	Ataques vis e invejosos dos outros
	5 de Espadas	Brigas repugnantes, golpe desagradável
	7 de Espadas	Ser iludido, roubado ou traído
Medo	A Torre	Transformação que desperta medo, deslizamento de terra
	A Lua	Pesadelos e sentir o paroxismo do medo
	9 de Paus	Medo, pôr sal em velhas feridas
	7 de Espadas	Medo de polêmica franca
	8 de Espadas	Medo de ser autêntico
	9 de Espadas	Medo de noites insones
	5 de Ouros	Medos existenciais
Moderação e imoderação	A Justiça	Igualdade, equilíbrio
	A Temperança	Preservar a justa medida
	O Diabo	Estar preso à imoderação
	O Sol	Generosidade desproporcional
	10 de Paus	Exigir demais de si mesmo
	4 de Ouros	Desejo imoderado das coisas, cobiça
	6 de Ouros	Generosidade bem proporcionada
Modéstia	O Eremita	Simples modéstia
	O Sol	Voltar a uma visão de mundo simples
Mudança	O Eremita	Retirada, introversão, interiorização
	A Roda da Fortuna	Mensagens de uma mudança, é hora de mudar
	O Enforcado	Mudança de vida, crise da meia-idade
	A Torre	Mudança súbita

Palavra-chave	Carta	Significado especial
Operação	3 de Espadas	Operação dolorosa
	10 de Espadas	Operar para retirar algo do corpo
Oportunidade	Ver: Chance	
Paciência	A Sacerdotisa	Conseguir esperar pelo momento certo
	7 de Ouros	Ter de esperar pelo momento oportuno
Partida	O Carro	Partida serena
	6 de Espadas	Partida angustiada, "com os joelhos moles", medo do que está por vir
	8 de Copas	Partida com pesar, dor pelo que se perdeu
Paz	A Temperança	Temperança, paz, harmonia
	4 de Paus	Contentar-se com a paz, tornar-se receptivo
	9 de Paus	Desconfiar da paz
	Ás de Copas	Chance de reconciliação
	2 de Copas	Final pacífico
	10 de Copas	Harmonia pacífica
	Valete de Copas	Oferta de paz
Pesadelo	Ver: Sonho	
Pobreza	O Eremita	Pobreza voluntária, despretensão
	A Torre	Perdas que, presumivelmente, levarão à pobreza
	8 de Espadas	Pobreza espiritual, privações interiores
	5 de Ouros	Pobreza material, privações exteriores
	6 de Ouros	Salvação da pobreza
Poder	O Mago	Poder criativo, poder de influenciar e de ajudar
	A Sacerdotisa	O poder do inconsciente
	O Imperador	Poder de organização e de controle
	A Justiça	Poder de julgar, de fazer cumprir um julgamento
	O Diabo	Mau uso do poder, poder destrutivo, dependências
	A Lua	O poder da fantasia

Palavra-chave	Carta	Significado especial
Prazer (1)	A Força	Prazer apaixonado
	A Temperança	Medida correta entre prazer e abstinência
	O Diabo	Vício do prazer
	O Sol	Gozar o lado alegre da vida
	10 de Ouros	Enquadramento suntuoso para aproveitar a vida
	4 de Copas	"Ressaca" depois do prazer exagerado
	7 de Copas	Advertência contra os perigos dos prazeres inconsiderados
	9 de Copas	Conceder-se um período de felicidade
Prazer (2)	Ver: Sensualidade	
Pressentir	Ver: Sentir	
Prova	O Mago	Superar todas as provas
	O Eremita	Preparação para a prova
	A Justiça	Ser julgado honestamente numa prova
	O Enforcado	Repetir uma prova
	6 de Paus	Notícia de que se passou numa prova
	9 de Paus	Sentir medo de uma prova
	5 de Espadas	Fracassar numa prova
	7 de Espadas	Colar na prova
	9 de Espadas	Medo dos exames
	10 de Espadas	Terminar a prova (antes do prazo)
	3 de Ouros	Passar na prova
Prova de paciência	O Enforcado	Ter de esperar até "finalmente compreender"
	4 de Espadas	Estar condenado à espera
Profissão	O Mundo	Ter encontrado sua profissão
	5 de Paus	Crescer profissionalmente por meio dos desafios
	Ás de Ouros	Chance de encontrar uma profissão que resiste às crises
	3 de Ouros	Acostumar-se a novas tarefas
	8 de Ouros	Começo de carreira
	Ás de Copas	Chance de seguir a própria vocação

Palavra-chave	Carta	Significado especial
	Cavaleiro de Ouros	Campo de trabalho estável, lucrativo
	Valete de Ouros	Oferta profissional boa e confiável
	Valete de Copas	Oferta profissional atraente, mas não necessariamente confiável
Reconciliação	A Temperança	Recuperação da harmonia
	O Sol	Reconciliar-se
	2 de Copas	Pedido para fazer as pazes
	Valete de Copas	Oferta de paz
Renúncia	O Eremita	Renúncia voluntária, ascese, jejum
	A Morte	Ter de renunciar a algo ou despedir-se de alguém
	9 de Paus	Renunciar brusca ou firmemente a algo
	3 de Espadas	Renunciar por ver que é o melhor a fazer
	4 de Espadas	Renúncia imposta, de pouca duração
	8 de Espadas	Renúncia duvidosa a algo essencial
	10 de Espadas	Renúncia intencional, duradoura
	4 de Copas	Renúncia por pirraça e por estar emburrado
Riqueza	O Mago	Riqueza espiritual, genialidade
	A Sacerdotisa	Riqueza de alma, imaginação
	O Eremita	Riqueza interior, sabedoria
	A Força	Riqueza de vitalidade, gosto pela vida
	O Diabo	Riqueza duvidosa, dependência
	O Sol	Riqueza de juventude e frescor
	4 de Ouros	Avareza, cobiçar riquezas
	6 de Ouros	Participar da riqueza alheia ou permitir que os outros se beneficiem com a nossa própria riqueza
	9 de Ouros	Riqueza surpreendente, lucros
	10 de Ouros	Riqueza interior ou exterior
Rompimento	Ver: Libertação	

Palavra-chave	Carta	Significado especial
Sabedoria	O Louco	A sabedoria do tolo
	O Mago	Esperteza, grande sabedoria; pesquisa das leis da natureza
	A Sacerdotisa	Sabedoria interna, certeza intuitiva
	O Hierofante	Transmissor da sabedoria
	O Eremita	Buscador e criador de sabedoria
	O Enforcado	Profunda intuição sobre a mudança de vida
	A Estrela	Conhecer verdades sobre a sabedoria cósmica
	O Sol	Intuição sábia sobre a simplicidade e a humildade
	3 de Ouros	Começo da busca pela sabedoria
Salvação	Ver: Libertação	
Sangue-frio	O Louco	Temperamento despreocupado, infantil
	A Temperança	Paz interior, harmonia e sossego
	2 de Ouros	Ser despreocupado, alegre e sereno
	3 de Paus	Olhar para o futuro com serenidade
Saúde	Ver: Curar-se	
Segurança	O Imperador	Luta sadia pela segurança
	Cavaleiro de Ouros	Fundamentos sólidos, seguros
	4 de Ouros	Exagero de segurança, estagnação
Sensualidade	A Força	Aceitar e viver o desejo e a paixão
	O Diabo	Falta de moderação, enredamento nas paixões
	Ás de Ouros	Chance de realizar uma experiência sensual
	Cavaleiro de Ouros	Clima sensual
	Valete de Ouros	Oferta sexual
	Ás de Copas	Chance de sentir-se sensualmente satisfeito
	2 de Copas	Encontro com a sensualidade
	4 de Copas	Aborrecimento como consequência de excesso dos sentidos
	9 de Copas	Gozar o prazer, festejar os sentidos

Palavra-chave	Carta	Significado especial
Sentir	O Louco	Ser levado, seguir a voz interior
	A Sacerdotisa	Agir de forma instintiva, perceber as nuances, as sutilezas
	A Estrela	Descobrir o caminho certo
	2 de Espadas	Destruir a segurança interior por meio das dúvidas
	8 de Espadas	Amordaçar a voz interior
	2 de Ouros	Confiar instintivamente em algo superior
	7 de Copas	Iludir-se, usar óculos cor-de-rosa
Sexualidade:	Ver: Sensualidade	
Solidão	Ver: Estar só	
Solidariedade	A Sacerdotisa	Profunda compreensão e solidariedade
	6 de Ouros	Solidariedade com ajuda prática
	Valete de Copas	Receber um gesto de solidariedade
Sonhador	Ver: Sonho	
Sonho	O Louco	O sonhador
	A Sacerdotisa	Interpretar sonhos, aprender com os sonhos
	O Imperador	Concretizar sonhos
	A Lua	Pesadelo, grande depressão
	9 de Espadas	Pesadelo, noites insones
	Ás de Copas	Chance de realizar um sonho
	6 de Copas	Seguir atrás de velhos sonhos e recordações
	7 de Copas	O rodopio dos sonhos
	Cavaleiro de Copas	Atmosfera sonhadora
Sucesso	O Mago	Domínio exemplar das tarefas
	O Imperador	Concretizar com sucesso os projetos
	O Eremita	Sucesso às ocultas
	Ás de Paus	Grande chance de sucesso
	3 de Paus	Boas perspectivas de sucesso
	6 de Paus	Notícias sobre sucesso
	7 de Ouros	Sucesso crescente
	8 de Ouros	Começo de uma atividade bem-sucedida
	9 de Ouros	Sucesso surpreendente (sorte)

Palavra-chave	Carta	Significado especial
Surpresa	A Roda da Fortuna	Mudanças surpreendentes
	A Torre	Um despertar ou um colapso surpreendentes
	8 de Paus	Acontecimentos surpreendentes (favoráveis)
	9 de Ouros	Sorte surpreendente
Trabalho	O Mago	Dominar o trabalho, trabalhar com sucesso
	O Imperador	Trabalhar com responsabilidade e de forma estruturada
	5 de Paus	Sofrer concorrência
	7 de Paus	Luta a cotoveladas, ter de se afirmar
	10 de Paus	Estar sobrecarregado de exigências
	8 de Ouros	Começar um trabalho novo
	Cavaleiro de Ouros	Atmosfera ativa
	Valete de Ouros	Receber uma oferta de trabalho
Transformação	Ver: Mudança	
Tortura	Ver: Dor	
Viagens	O Carro	Viagem espontânea, partida alegre
	O Mundo	Ampliação de horizontes
	Ás de Paus	Chance de conquistar novos impulsos em viagens
	Cavaleiro de Paus	Fome de experiências, prazer de viajar, espírito aventureiro
	Valete de Paus	Chance de ser convidado para fazer uma viagem
	6 de Espadas	Pisar em país novo com insegurança
	8 de Copas	Viagem para o desconhecido com maus pressentimentos
Vício	Ver: Dependência	
Vitória	Ver: Sucesso	
Voz interior	Ver: Sentir	

O LOUCO

Contradições de Sentido em
Cartas Isoladas

A ESTRELA

Cartas contraditórias

Nesta listagem, as cartas contraditórias, ou cujo sentido ao menos pode ser oposto, são colocadas uma ao lado da outra. Isso, contudo, não quer dizer que se trate exclusivamente de contradições: pode se tratar de cartas que apresentem certa tensão criativa entre si, tensão que pode levar a soluções valiosas. Esta lista não tem a pretensão de ser perfeita. Trata-se, antes de qualquer coisa, de revelar os contrastes existentes entre as cartas dos Arcanos Maiores, bem como os que existem entre as cartas dos Arcanos Maiores e Menores, principalmente nos pontos em que esses contrastes são menos visíveis.

Cartas		Temática contraditória	
O Louco	– O Imperador	Despreocupação	– Responsabilidade
O Louco	– O Eremita	Infância	– Velhice
O Louco	– A Morte	Começo	– Fim
O Louco	– 10 de Espadas	Reinício espontâneo	– Fim abrupto, intencional
O Mago	– A Sacerdotisa	Agir	– Deixar acontecer
O Mago	– A Roda da Fortuna	Autodeterminação	– Fatalismo
O Mago	– 7 de Espadas	Inteligência analítica	– Inteligência enganosa
A Sacerdotisa	– O Hierofante	Conhecimento místico	– Crença dogmática
A Sacerdotisa	– 2 de Espadas	Certeza interior	– Dúvida atormentadora
A Imperatriz	– A Morte	Fonte (da vida)	– Estuário

Cartas		Temática contraditória	
A Imperatriz	– 4 de Espadas	Crescimento	– Estagnação
O Imperador	– O Louco	Ordem	– Caos
O Imperador	– A Torre	Estabilidade, duração	– Colapso
O Imperador	– 5 de Ouros	Segurança	– Insegurança
O Imperador	– 7 de Copas	Espírito realista	– Espírito sonhador
O Hierofante	– O Diabo	Crença	– Descrença
Os Enamorados	– A Justiça	Decisão sincera	– Decisão racional
Os Enamorados	– O Diabo	Decisão livre	– Decisão imposta
Os Enamorados	– 2 de Paus	Decisão sincera	– Indecisão tíbia
Os Enamorados	– 9 de Paus	Abrir o coração	– Fechar o coração
O Carro	– O Enforcado	Frescor	– Exaustão
O Carro	– O Julgamento	Buscar "o tesouro"	– Guardar "o tesouro"
O Carro	– O Mundo	Partida	– Chegar ao objetivo
O Carro	– 7 de Ouros	Conquistar impacientemente	– Aguardar pacientemente
O Carro	– 6 de Copas	Olhar para a frente	– Olhar para trás
O Carro	– 8 de Copas	Partida alegre	– Partida tristonha
A Força	– O Mago	Força vital	– Força espiritual
A Força	– O Diabo	Impulsos controlados	– Estar entregue aos impulsos
A Força	– 8 de Espadas	Expressar a paixão	– Inibir a paixão
O Eremita	– O Carro	Introversão	– Extroversão
O Eremita	– 9 de Paus	Buscar conhecimentos	– Fechar-se aos conhecimentos
O Eremita	– 5 de Copas	Estar só	– Sentir-se solitário
O Eremita	– 9 de Copas	Recolhimento	– Sociabilidade
A Roda da Fortuna	– O Mundo	Determinação de tarefas	– Resolução das tarefas
A Roda da Fortuna	– O Mago	Força superior	– Vontade própria
A Justiça	– O Louco	Responsável por si mesmo	– Irresponsável
A Justiça	– Os Enamorados	Julgamento racional	– Julgamento sentimental
A Justiça	– A Temperança	Equilíbrio de forças	–Tensão
O Enforcado	– O Carro	Ter de retroceder	– Precipitar-se para a frente
O Enforcado	– O Julgamento	Estar preso	– Ser libertado
O Enforcado	– O Mundo	Ponto morto	– Ponto máximo
O Enforcado	– 9 de Paus	Doação	– Resistência

Cartas		Temática contraditória	
O Enforcado	– 7 de Ouros	Ter de esperar	– Esperar pacientemente
A Morte	– O Sol	Mortalidade	– Imortalidade
A Morte	– 10 de Espadas	Fim natural	– Fim intencional
A Temperança	– O Enforcado	Estar são	– Estar doente
A Temperança	– 5 de Espadas	Paz	– Guerra
O Diabo	– O Mago	Magia negra	– Magia branca
O Diabo	– O Hierofante	Desconfiança	– Confiança
O Diabo	– Os Enamorados	Depender de	– Ser livre
O Diabo	– A Temperança	Desproporção	– Medida correta
O Diabo	– 9 de Paus	Tentação	– Resistir à tentação
O Diabo	– 10 de Espadas	Dependência	– Eximir-se de
A Torre	– A Estrela	Fracassar	– Extrair novas esperanças
A Torre	– O Julgamento	Libertação com violência	– Libertação sem violência
A Torre	– 4 de Paus	Endurecimento e guerra	– Franqueza e paz
A Torre	– 8 de Ouros	Colapso	– Reconstrução
A Estrela	– O Diabo	Confiar no mais elevado	– Fracassar por falta de sentido
A Estrela	– A Lua	Confiança	– Medo
A Estrela	– 2 de Espadas	Ter esperanças	– Desesperar-se
A Lua	– A Sacerdotisa	Sonho e pesadelo	– A intérprete dos sonhos
A Lua	– O Sol	O inferno	– O céu
O Sol	– O Eremita	Calor e bom humor	– Frio e seriedade
O Sol	– A Morte	Nascimento do sol	– Ocaso do sol
O Sol	– A Lua	Forças da luz	– Forças das trevas
O Sol	– 7 de Paus	Reconciliação	– Discórdia
O Julgamento	– O Diabo	Libertação	– Aprisionamento
O Julgamento	– O Carro	Terminar a obra	– Começar a obra
O Julgamento	– 8 de Espadas	Salvação	– Impedimento
O Mundo	– O Carro	Encontrar o próprio lugar	– Procurar o próprio lugar
O Mundo	– O Enforcado	Final feliz	– Depressão muito profunda, crise de desenvolvimento
O Mundo	– O Diabo	Totalidade	– Divisão

O SOL

Explicação de Palavras e Conceitos

A LUA

Definição de conceitos

Arcanos Maiores: As 22 cartas – também denominadas Trunfos – que são definidas por um nome e são numeradas com algarismos romanos de 0 a 21 (0 = o Louco, I = o Mago, XXI = o Mundo).

Arcanos Menores: As 56 cartas que se dividem em quatro naipes, cada um com 14 cartas (Paus, Espadas, Ouros e Copas).

Arkana (Arcanos): Plural da palavra latina *Arcanum* = segredo. A designação de todas as cartas do Tarô, que são distribuídas nos Arcanos Maiores e nos Arcanos Menores.

Ás: Sempre a primeira carta que começa uma série de naipes, corresponde ao número 1.

Baralho: O jogo completo de 78 cartas.

Paus: O símbolo correspondente ao elemento Fogo.

Cartas da corte: As quatro cartas, pertencentes aos quatro naipes, que mostram um rei, uma rainha, um cavaleiro e um valete.

Cartas de proteção: Cartas que desempenham o papel de protetor na interpretação tradicional das cartas. Diz-se que, quando essas cartas aparecem num jogo, um quadro geral menos favorável se torna mais benéfico. A Sacerdotisa, o Hierofante e a Estrela contam entre as cartas de proteção.

Cartas invertidas: Cartas que, ao serem dispostas, aparecem na posição invertida (de cabeça para baixo). Alguns leitores de cartas consideram-nas negativas (ver p. 57).

Cartas numeradas: As dez cartas dos quatro naipes, numeradas de 1 a 10, sendo que o Ás equivale ao número 1.

Copas: O símbolo que corresponde ao elemento Água.

Espadas: O símbolo correspondente ao elemento Ar.

Ouros: O símbolo correspondente ao elemento Terra.

Quintessência: A posterior adição de todas as cartas escolhidas com o somatório dos algarismos, que resulta em um único algarismo ou em um número menor que 22 (ver indicação da p. 58 sobre este assunto).

Série: Ver *Série de Naipes*.

Série de Naipes: Cada um dos quatro subgrupos interligados pelo mesmo símbolo dos Arcanos Menores do Tarô. Cada série se compõe de 14 cartas com o mesmo símbolo. Distinguimos as séries dos Paus, das Espadas, das Ouros e das Copas.

Significador: a) A carta que, num Jogo de Relacionamento, por exemplo, fica no centro e que representa a situação atual do relacionamento, ou a questão; b) antes de começar o jogo, muitos leitores de cartas colocam uma carta – o assim chamado Significador – ao lado ou embaixo da primeira carta, a fim de simbolizar o consulente, ou então a questão em pauta. Eu não acho que isso seja muito importante.

Trunfos: vide *Arcanos Maiores*.

Exemplos de interpretação

Os dois exemplos que apresento a seguir representam muito bem os sistemas de disposição de cartas chamados "O Jogo do Relacionamento" e "A Cruz", como são interpretados neste livro.

As cartas que seguem mostram que o consulente tem um relacionamento descomplicado, embora repleto de perspectivas.

7

2

6

1

3

A ESTRELA

O DIABO

5

O EREMITA

4

225

A interpretação

1ª Carta = Significador, questão = 3 de Paus:
 Relacionamento seguro, repleto de perspectivas.

2ª Carta = Avaliação consciente da parceira = a Estrela:
 União feliz com futuro promissor.

3ª Carta = Avaliação do estado de ânimo da parceira = 4 de Copas:
 Emburrada, "ambiente tenso", apatia.

4ª Carta = Apresentação da parceira = o Eremita:
 Repousar, ficar em silêncio sozinho ou a dois.

5ª Carta = Apresentação do consulente = o Diabo:
 Enredamentos, servidão, mau uso do poder, lascívia.

6ª Carta = Avaliação do estado de ânimo do consulente = 6 de Paus:
 Solução dos problemas, boas notícias, felicidade.

7ª Carta = Escolha consciente do consulente = 10 de Paus:
 Grande depressão, desesperança.

Síntese do jogo

Ambas as partes deste relacionamento vivem-no de forma bastante contraditória. A parceira entende que há um grande futuro (2 = a Estrela), mas, interiormente, está aborrecida (3 = 4 de Copas). Com o consulente acontece o contrário. Sua avaliação consciente é negativa (7 = 10 de Paus), mas, seu sentimento lhe diz que será possível solucionar os problemas e que haverá boas notícias (6 = 6 de Paus). As cartas relativas à apresentação exterior mostram que a mulher se retrai e se mantém calma (4 = o Eremita), ao passo que o consulente tenta manter a companheira ao seu lado de forma nada correta, tentando torná-la dependente dele (5 = o Diabo).

Neste jogo, a carta decisiva é o Significador (1 = 3 de Paus), que demonstra que o relacionamento tem uma base segura e que as perspectivas são promissoras. Contanto que as tendências positivas consigam levar a melhor, fazendo com que o mau humor da moça passe e a depressão do consulente melhore.

A quintessência é 10, o que aponta para o inevitável caminho do destino e da compreensão das necessidades que concorrem para o domínio do destino (1 = o Mago). Isso significa que, tanto no relacionamento como no controle dos problemas que ele apresenta, existe uma missão que pode e deve ser cumprida por ambos os interessados.

O consulente ficou visivelmente abalado quando lhe falei sobre sua irradiação negativa; todavia, ao final, ele quis saber o que poderia fazer e qual o conselho sobre a direção a seguir. As cartas, postas segundo a disposição "A Cruz", indicaram o seguinte caminho:

A MORTE
1

VALETE DE ESPADAS
2

A RODA DA FORTUNA
3

O LOUCO
4

Como aqui se trata pura e simplesmente de uma questão de relacionamento, também valem, durante a interpretação, as palavras-chave sob o conceito "Consciência":

1ª Carta = A questão = a Morte:
Uma nova fase, a despedida da companheira
Percepção da finitude das coisas

2ª Carta = Eis o que ele não deve fazer = Valete de Espadas:
Crise, brigas, diálogos esclarecedores
Discussões, verdades dolorosas

3ª Carta = O que ele deve fazer = a Roda da Fortuna:
Ligação provocada pelo destino
Conhecimento das leis superiores

4ª Carta = Para onde ele vai = o Louco:
Vivacidade, espontaneidade
Ausência de julgamentos, curiosidade

Síntese do jogo

A Morte como primeira carta mostra que o consulente tem de encerrar imediatamente a posição adotada até o momento. Ele poderá fazê-lo separando-se da companheira, ou, então, na medida em que conseguir desapegar-se interiormente (a Morte – o grande desapego).

Visto que o Jogo do Relacionamento não falou de separação, mas de futuro bem como que, nessa segunda disposição de cartas, também não apareceu nenhuma carta de separação, trata-se, neste caso, do desapego interior. Ao que parece, a duvidosa tendência de este homem desejar tornar a parceira dependente dele provém de sua profunda insegurança interior e do medo de perdê-la. É por isso que a Morte mostra o direito de perceber a finitude de tudo e o induz a desapegar-se. Só que ele não deve manter diálogos esclarecedores nem discussões (2 = Valete de Espadas). O consulente também não precisa contar com uma crise. Em vez disso, deve reconhecer que se trata de uma relação determinada pelo destino (3 = a Roda da Fortuna). Por trás do conselho "conhecimento das leis superiores", já se esconde, desde o início, a percepção de que as coisas terminam, de que a grande missão de vida é aprender o desapego. Interessante é notar que a Roda da Fortuna, que o estimula a fazer isso, já apareceu como a quintessência do jogo anterior. O Louco deixa antever que a vivacidade é o fruto desse esforço e que, assim, A Morte torna-se um portal para uma nova vida.

Desta vez, a quintessência é 5, o Hierofante (o polo oposto ao Diabo), e ele indica o caminho da verdade e da certeza interior na qual se pode confiar.

O HIEROFANTE

Apêndice

Os Arcanos Maiores Refletem a Realidade da Era de Touro?

Ideias sobre as raízes do simbolismo do Tarô

Será que, com essas cartas, temos em mãos um antigo livro egípcio de sabedoria – como acreditou o grande ocultista francês Éliphas Lévi – ou o uso das cartas no ocultismo é uma descoberta da era moderna?

Observemos até que ponto o Tarô nos dá informações sobre a sua origem e idade provável por meio do seu próprio simbolismo. Seja como for, o fato de esse simbolismo ter sido encontrado em cartas ou em outras formas de representação nos tempos mais remotos não tem tanta importância. Nas reflexões que se seguem, ative-me conscientemente à sequência numérica e à estrutura das cartas do Tarô tal como são conhecidas por nós há aproximadamente 1.600 anos. Desconsiderei os numerosos jogos de cartas derivados nos 200 últimos anos, pelas seguintes razões: as 22 cartas dos Arcanos Maiores do Tarô não representam uma sequência aleatória de temas, mas uma estrutura intencional básica da jornada do herói, que também aparece nos contos de fadas e nos mitos. Com o surgimento das cartas do Tarô, a humanidade pôde recordar-se de uma estrutura arquetípica que ficou relegada por milênios às profundezas do que C. G. Jung denominou de "inconsciente coletivo". Quando esse arquivo de recordações transpessoais da humanidade trouxe à luz um antigo conhecimento, trouxe consigo, além da força inerente, também a preocupação de que, depois das primeiras experiências, acabasse por surgir e se consolidar a única e verdadeira estrutura.

Por exemplo, temos um fenômeno semelhante quando o homem do século XIV, como consequência do seu grande medo diante de catástrofes duradouras, como a guerra, as pestes e a fome, de repente "imaginou" Quatorze Santos, que o ajudariam no seu estado de necessidade. Saindo das dioceses de Bamberg e Regensburg, essa ideia se espalhou depressa por todos os Estados de língua alemã, chegando ao norte da Itália e à Hungria, e, desde então, trata-se de um fato comprovado, como o atestam o mosteiro "Quatorze Santos" ou os hospitais chamados "Os Quatorze Prontos-Socorros". Ao fazer essa escolha, os homens daquela época não estavam conscientes de que estavam se lembrando de uma velha estrutura e de que voltavam a uma ideia que já havia comovido os babilônios. Os babilônios já consideravam o 14 como o número dos ajudantes, visto que quatorze dias (ajudantes) ajudavam o seu deus Hergal a subir todos os meses ao trono, em Kutha (o 15º dia era o dia da Lua cheia).

O simbolismo das cartas do Tarô nos pode provar como, em tempos igualmente antigos, a maioria das pessoas ficava estranhamente fascinada pelas cartas: o Enforcado. Seu número 12 assinala uma barreira temporal, como tudo o que provém dos números 3 e 4.[31] No dinamismo da jornada do herói por meio das 22 cartas dos Arcanos Maiores, o Enforcado representa o ponto morto e se revela como a contraparte da última carta, o Mundo. O seu número 12 é o número 21 invertido, e a sua postura é o reflexo da figura dançante da carta 21. Nas suas pernas cruzadas, reconhecemos o símbolo do 4 (a Cruz). Seus braços, ombros e cabeça formam um triângulo. Como o 3 vale como número divino, e o 4 como número da matéria terrena, sua posição significa o estado de sofredor, de não redimido, visto que aqui o Divino jaz oculto sob a matéria. Em contrapartida, a carta 21 mostra o estado liberado, livre, em que o princípio divino (triângulo) está acima do terreno (cruz). Esse desenvolvimento é resultado consequente do conteúdo simbólico da carta anterior, a 20ª carta, o Julgamento, em que a libertação do princípio divino (3) em relação com o terreno (4) é expressa pelo fato de três pessoas saírem de túmulos quadrados.

Se partirmos do fato de que, para os antigos, a lei "Assim em cima – assim embaixo" era uma verdade diariamente vivida, e de que os seus templos, originalmente, eram uma imagem refletida da morada celestial dos deuses (*Templum* inicialmente designava uma determinada parte dos céus), é fácil usarmos os símbolos do céu, quando se trata de transmitir a antiga sabedoria.

---

[31] $3 + 4 = 7$ (duração da semana)
$3 \times 4 = 12$ (duração do ano)
$3 \times (3 + 4) = 21$ (maioridade)
$4 \times (3 + 4) = 28$ (duração do mês no calendário lunar e do primeiro ciclo de Saturno)
= fronteiras dos 3 ciclos vitais
$(3 + 4) \times (3 \times 4) = 84$ = uma revolução de Urano ou três revoluções de Saturno
= duração da vida.

Como em geral se sabe, distinguimos no céu as estrelas fixas (que são as que, aparentemente, não se movem, como, talvez, as sete estrelas que vemos no Carro) dos planetas, aos quais os antigos chamavam de estrelas viajantes, entre as quais se contavam também o Sol e a Lua. Deixando de lado os cometas e as estrelas cadentes, os planetas são os únicos que, para os homens, se movem visivelmente no céu. O que nos fascina é o fato de que eles não seguem, talvez, um caminho aleatório, "a torto e a direito", mas há milhões de anos descrevem, todos eles, sistematicamente o mesmo círculo. Nesse círculo, os antigos viam a órbita celeste; e os planetas que percorriam essa via eram seus deuses. Ao redor da abóbada celeste, eles reconheciam 12 casas, que correspondem aos 12 signos do Zodíaco. Uma casa pertencia aos grandes luminares, o Sol e a Lua. Cada um dos cinco planetas restantes possuía duas casas, uma para o dia e outra para a noite. O planeta mais rápido de todos, a Lua, percorre esse círculo em 28 dias; Saturno, o planeta mais lento de todos, ao contrário, precisa de 28 anos para percorrer a órbita. Os 365 dias de que a grande luminária, o Sol, precisa para percorrer esse caminho serviram de medida para o ano.

O estudo dos acontecimentos que, por exemplo, ocorriam na Terra quando no céu, o deus da guerra, Marte, batia à porta da deusa da paz, Vênus, era a missão dos astrólogos. Todavia, as histórias que os homens contavam sobre as aventuras dos heróis que se assemelhavam a deuses acabaram por tornar-se o cerne da mitologia. Numerosas tradições nos falam sobre a ascensão e a queda do herói solar e, assim, refletem o caminho anual do Sol, que, quando está no seu mais alto grau de desenvolvimento, no verão, inunda o mundo com seus raios dourados, mas no dia mais curto do ano apenas se arrasta, impotente e pálido, desaparecendo no horizonte.

Se nos lembrarmos, neste ponto, de como reagimos quando éramos pequenos e descobrimos pela primeira vez que a Terra é redonda, também compreenderemos o que os antigos viram lá no alto: Assim como, na infância, nós achávamos que as pessoas, do outro lado do globo terrestre, deveriam ficar de cabeça para baixo, os antigos partiam do princípio de que o herói solar, no lugar mais profundo de sua órbita circular, chegava ao auge de sua dignidade imperial, porém Enforcado de cabeça para baixo.

É sobre essa observação anual que se baseia, além disso, a visão de mundo da alquimia. Naturalmente, o Sol, no seu ponto máximo durante o verão, correspondia ao mais puro ouro. No inverno, ao contrário, quando o Sol parecia doente e pesado e se escondia abaixo do horizonte e sua luz empalidecida tinha uma nuance azulada, já se sabia: o Sol está cheio de chumbo. É assim que se explica o axioma alquímico: O chumbo é, no seu cerne, ouro puro. A transformação do ínfimo superior, do chumbo em ouro, que o Sol possibilita todos os anos aos homens, era imitada pelos alquimistas em seus laboratórios.

No Tarô, esses dois níveis são refletidos pelas seguintes cartas: o Mundo, que corresponde ao herói solar em pé no auge do verão, e o Enforcado, que o mostra fraco e de cabeça para baixo, como é o Sol desvitalizado e doente do inverno. Assim como a carta do Mundo representa o lar, no Tarô, no verão o Sol está domiciliado no signo de Leão; e assim como o Enforcado pende de cabeça para baixo, os antigos imaginavam o herói solar no dia mais curto do ano no ponto mais profundo de sua trajetória.

Quando observamos, em seguida, qual etapa o herói pendurado tem de percorrer a seguir, recebemos uma ideia intuitiva da época a que remonta o simbolismo das cartas.

Por meio de um movimento muito lento, porém já conhecido na Antiguidade, o céu das estrelas fixas avança um grau a cada setenta e dois anos, de modo que o ponto primaveril (o equinócio da primavera) avança um signo zodiacal no decurso de cerca de dois mil anos. É por esse motivo que atualmente falamos em Transição para a Era de Aquário. Na época do equinócio da primavera, o Sol está no signo de Aquário, depois de ter estado, durante os últimos dois mil anos, no signo de Peixes nesse dia do ano. Porém, somente quando revertemos esse processo ao menos 70° para trás (o que equivale a cinco mil anos) até chegarmos ao céu estrelado da era mitológica de Touro, o simbolismo corresponde àquilo que é mostrado pelas cartas do Tarô. É que, naquela época, o Zodíaco estava "correto", ou seja, as casas em que o Sol e a Lua

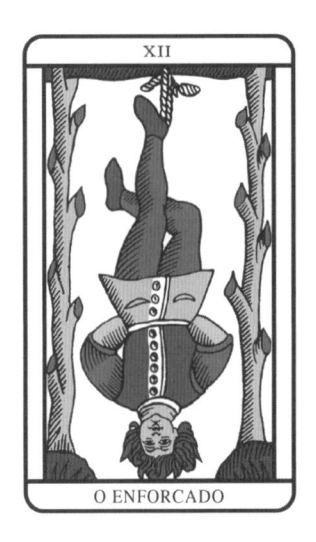

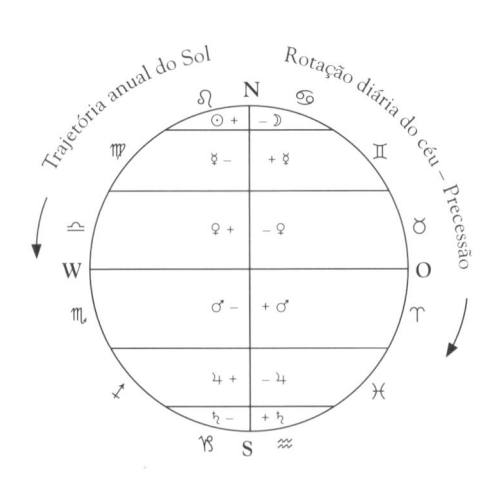

Posição do Zodíaco na Era de Touro

habitavam estavam na posição superior, ao passo que, na inferior, estavam as casas do senhor do grande silêncio: Saturno. Ele, o regente dos signos Capricórnio e Aquário, governava o grande mistério da Morte e do Renascimento, ou, para expressar o conceito em linguagem mitológica: Ele era o guardião da água da morte e da água da vida. No Zodíaco assim desenhado, também compreendemos o significado do signo de Aquário; depois que o Sol saía triunfante das profundezas anuais de sua perigosa jornada pelas águas da morte, ele recebia as águas da vida. É essa a famosa história de Gilgamesh, que teve de atravessar as perigosas águas da morte antes que Um-napisti (O Noah sumério-babilônico) lhe mostrasse o caminho secreto para a Árvore Cósmica. Representações gráficas da Babilônia e do Egito nos mostram a imagem do aguadeiro e, com os dois recipientes, nos lembram claramente a figura da 14ª carta, a Temperança.

O aguadeiro da pedra limítrofe
nº 6 de Susa

O aguadeiro do zodíaco
redondo de Dendera

É por isso que é muito justo que, nas cartas que se seguem à do Enforcado, no Tarô Waite-Smith, se possa ver água nas duas cartas seguintes: a água da morte com o barco dos mortos do faraó, na 13ª carta, e a água da vida, na 14ª carta.

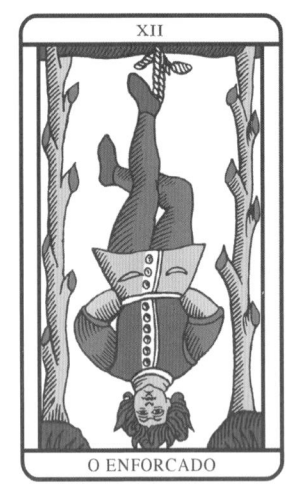

Aqui, no ponto mais baixo do curso anual do Sol, no ponto misterioso sobre o qual Saturno vela silenciosamente, a água da vida e a água da morte fluem, de fato, bem perto uma da outra, como Julius Schwabe provou em seu formidável livro *Archetyp und Tierkreis* [Arquétipo e Zodíaco].[32]

Quando então a "ocasional" sequência em que as cartas se arranjaram desde cerca de 1600, a sequência 12, 13, 14, mostra que o doentio Sol de inverno (12) tem de passar pela água da morte (13) para alcançar a água da vida (14), ela reflete a realidade celestial, do modo como os homens da era de Touro, isto é, no final do início da Idade da Pedra, há cerca de cinco mil anos, imaginaram, pois, afinal, nessa ocasião o equinócio de inverno aconteceu na transição do signo saturnino de Capricórnio para o signo saturnino de Aquário. Por certo, essa não é uma prova suficiente para a verdadeira idade das cartas, mas não deixa de ser um documento impressionante da incorruptibilidade das imagens arquetípicas.

Portanto, talvez o Tarô ocultista só tenha aproximadamente 200 anos de idade, e as cartas propriamente ditas, apenas 500 ou 600. Todavia, a sabedoria que refletem retrocede até os primórdios da consciência humana.

A Mística dos Números e a Mitologia como Chave para uma Melhor Compreensão dos Símbolos do Tarô

A troca de números das cartas "A Força" e "A Justiça", usada por Arthur Edward Waite, contradiz a mística numérica e o raciocínio mitológico.

Como é de conhecimento geral, Arthur Edward Waite, o pai espiritual do baralho de Tarô de mais ampla divulgação, alterou a usual

---

[32] Julius Schwabe. *Archetyp und Tierkreis* [Arquétipo e Zodíaco]. Hann: Münden (reimpressão de Gauke), 1987. A este livro devo os mais valiosos conhecimentos. Nele Schwabe mostra também a divulgação desse simbolismo que se espalhou por todo o mundo. Nós o encontramos nos mitos nórdicos, sumérios e greco-romanos, bem como nos astecas. Esse simbolismo é a base do Bastão de Hermes, também conhecido como caduceu, é a base do ensinamento hindu sobre os chakras e também da árvore cabalística da vida, e assim por diante. Embora não seja um amante da Astrologia, Schwabe nos dá uma das mais profundas introduções à visão de mundo e origem da Astrologia.

sequência numérica das cartas utilizada até a mudança do século passado, na medida em que trocou a 8ª e a 11ª cartas dos Arcanos Maiores (A Justiça e A Força) entre si. Ele mesmo nunca explicou publicamente o motivo por que fez isso, limitando-se a afirmar que havia feito a modificação em consequência de motivos que só ele achava convincentes.

Tarô de Marselha

Tarô Waite-Smith

Quem observar o Tarô sem considerar os componentes numéricos mal notará essa troca e talvez nem tome conhecimento dessa alteração. No entanto, assim que se reconhecem os números como mais um caminho para a compreensão das cartas, ou quando um sistema numérico é escolhido para a interpretação, logo surge a pergunta sobre qual sequência numérica seria mais justa.

Eu considero a sequência dos Arcanos Maiores essencial pelos três motivos a seguir:

1. Os Arcanos Maiores refletem a jornada do herói, a estrutura básica dos mitos e dos contos de fadas. Se, então, duas etapas forem trocadas, a história não é mais a mesma.
2. A mística dos números (e, portanto, os números dos Arcanos Maiores) oferece uma chave valiosa para a melhor compreensão das cartas.
3. Ao encerrar uma interpretação de cartas, eu sempre tiro a quintessência. Para tanto, conto com os números das cartas dispostas juntas e faço reduções dos algarismos dos números até obter um número entre 1 e 22. A esse número correspondem as cartas dos Arcanos Maiores que simbolizam a quintessência: ela mostra o caminho que o consulente deve seguir, dá uma sugestão a mais para o primeiro passo, para o modo de proceder. Nesse caso, os números se tornam duplamente importantes: na obtenção do número da quintessência e quando se comprova qual carta indica o caminho, no caso de a quintessência ser 11.

A. E. Waite só se manifestou sobre a mudança de numeração que introduziu com palavras parcas e pouco esclarecedoras. Podemos apenas presumir o que o levou a dar esse passo. Mas como eu me decidi a escolher a antiga sequência numérica, contida no Tarô de Marselha, prefiro, sinceramente, falar sobre os motivos que me levaram a fazer essa escolha.

Do ponto de vista da mística numérica

(Devo supor que todos sabem que o 3 representa o divino, o 4 é o número terreno e o 0 vale para o absoluto.)

O número 8

a) Os pitagóricos achavam que o 8 era o número da justiça, visto que podia dividir-se em unidades sempre iguais: $8 = 2 \times 4$, $4 = 2 \times 2$, $2 = 2 \times 1$.
b) O oito em diagonal, a lemniscata ∞, vale como símbolo de dois âmbitos ou mundos unidos harmonicamente. Nós a encontramos na carta o Mago como expressão de harmonia entre o consciente e o inconsciente. Na carta a Força ela revela a harmonia do ser humano civilizado com sua natureza animalesca. O significado desse aspecto para o tema da justiça pode ficar claro por meio da seguinte observação:

c) Enquanto o quadrado, ou a cruz, representa o símbolo do 4 para a realidade terrena, o 0, ou o círculo, em contrapartida, representa o hemisfério divino, ou o absoluto; o octógono, ou a estrela com oito pontas, representa a linha central entre o âmbito terreno (o quadrado) e o âmbito divino (o círculo).

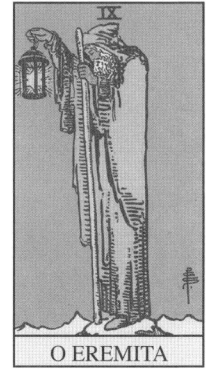

O octógono e a estrela de oito pontas mostram o mundo exterior, aquilo que o homem pode alcançar quando do seu mundo terreno (o quadrado) ele se esforça por chegar ao âmbito divino (o círculo). No simbolismo das cores, isso é expressado pelo violeta, a última cor do arco-íris que o ser humano consegue ver. Depois, segue-se o ultravioleta. Waite também associou essa ideia à justiça, que pode e deve, como justiça terrena, orientar-se para a justiça divina, embora nunca consiga alcançar essa percepção. A cortina cor de violeta, na carta a Justiça, simboliza a mesma separação do segundo plano divino, dourado, na medida em que a vemos como um octógono entre o quadrado e o círculo.

Vemos o simbolismo do maior potencial a ser alcançado pelo ser humano na estrela de oito pontas na lâmpada do Eremita. O Eremita mostra que essa forma de vida pode levar ao mais abrangente dos conhecimentos. Na carta a Estrela, ela representa a maior percepção e confiança possíveis na organização cósmica. Na coroa do auriga, ela mostra, ao contrário, sua origem nobre: como Átis, Adônis ou Tamuz, o auriga é filho da Grande Deusa, a criança divina, que tem de atuar aqui na Terra (correspondendo ao quadrado sobre o seu peito).

O número 11

O 11 é o número do "pecado". Nessa correspondência há, sem dúvida, uma valorização que exige uma observação mais detalhada:

Friedrich von Schiller fez com que Seni, um famoso astrólogo, advertisse Wallenstein: "Evite o 11! 11 é o número do pecado, 11 é um número a mais em relação aos Dez Mandamentos". À primeira vista, podemos achar tudo isso uma tolice. Uma passada de olhos nas diversas culturas, entretanto, nos mostra que muitas vezes o 10 é a expressão da medida certa, divina. Os pitagóricos, contudo, diziam que o 10 é o número divino, pelo fato de ser a soma dos quatro números essenciais (1 + 2 + 3 + 4 = 10), que formavam a sua pirâmide sagrada de pontos (Tetraktys):

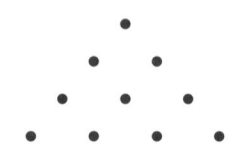

```
      •
     • •
    • • •
   • • • •
```

Organizados assim, os números significativos de 1 a 4, que simbolizam a realidade e aos quais os pitagóricos davam grande valor como visão de mundo, formam um triângulo divino constituído de 10 pontos, um símbolo de perfeição. A tradição judaico-cristã conhece os Dez Mandamentos, a Cabala, as dez *sephirah* na Árvore da Vida; e, no Extremo Oriente, encontramos o 10 nos 10 quadros da história zen "O touro e seu pastor", como uma imagem simbólica da perfeição.

Já que o 10 é expressão do estado perfeito ou da ordem divina, é compreensível que o 11 seja, de fato, entendido como o número da transgressão.

Ainda mais claro se torna o significado do 11 segundo uma antiga tradição que explica como há 11 dias de diferença entre o ano lunar (354 dias) e o ano solar (365 dias).

> *Naqueles dias em que todos os anos ainda tinham 360 dias, certa vez Rá, o respeitado deus-Sol, maldisse sua esposa Nut, a mãe dos deuses, porque ela o traía incessantemente com outros amantes. Devido a essa maldição, ela não podia dar à luz os frutos de suas ligações clandestinas, quer sob a regência do Sol, quer sob a regência da Lua; ela não podia dar os filhos à luz nem de dia nem de noite.*
>
> *Um de seus amantes, o grande Thoth (o ardiloso Hermes) descobriu a maldição e resolveu pedir ajuda. Com um jogo de tabuleiro que acabara de inventar, pôs-se a caminho em busca de Selene, a deusa da Lua. Thoth lhe sugeriu que passassem as longas horas do dia distraindo-se com o jogo, e convenceu-a a apostar a $72^{\underline{a}}$ parte do ano (360 : 72 = 5 dias). Os dois jogaram o dia inteiro. Às vezes, a sorte favorecia Selene, outras vezes favorecia Thoth. Mas, por certo, ele não seria o deus dos comerciantes, dos ladrões, dos viajantes e dos trapaceiros se não ganhasse habilmente esse jogo. Assim, Thoth tirou a Selene, que de nada desconfiava, cinco dias, os quais acrescentou*

ao velho ano que, desde esse jogo memorável, tem 365 dias. Ele introduziu habilmente esses cinco dias num ponto do ano em que, no Egito, pela primeira vez ascende a Estrela do Cão, Sirius. É por isso que os homens também os chamam de dias do cão. Trata-se dos dias mais quentes do ano. Como eles não estão sob a regência nem do Sol nem da Lua, Nut podia ter filhos em qualquer um desses dias. Foi assim que o mal surgiu no mundo. Entretanto, os cinco dias que Selene perdeu encurtaram o seu ano lunar, pois este é contado pelo número de noites, e estas se reduzem a 354.

Desde essa ocasião, o número 11 personifica a ideia de uma época selvagem que fica "entre as épocas". Na maioria das culturas, esse é um segmento do ano em que os acontecimentos comuns parecem virar de cabeça para baixo. Durante esse período, o homem normalmente civilizado perde a educação e se torna outra vez uno com as forças arcaicas das quais provém. As saturnálias dos romanos, as festas da loucura, as festas das mulheres, as festas dos lobisomens, as festas das colheitas e muitas outras festas populares provêm desse período. E restou o carnaval, que – fato digno de nota – começa no dia 11 de novembro às 11 horas e 11 minutos e é introduzido, na Alemanha, por uma comissão composta de 11 membros.

Visto como os instintos selvagens e a força primordial, deixados à solta, fazem o homem abandonar o ar grave e sisudo, desabotoar o colarinho, tirar o paletó e livrar-se da gravata e do colete, eles são uma ameaça para a civilização. Eis o motivo de os comportamentos ostensivamente alegres e com conotação sensual terem sido rotulados como pecado.

Se compararmos a carta "o Força" – que Aleister Crowley, com bastante razão chamou de "o Prazer" –, com a carta "a Justiça", só encontraremos a temática do número 11 no tema da carta "a Força"; por sua vez, o número 8 representa com perfeição a ideia de justiça.

Do ponto de vista mitológico

Mesmo que analisemos as cartas como uma sequência lógica da jornada do herói, chegaremos ao mesmo resultado:

A 8ª carta

a) Depois que a 7ª carta (o Carro) mostra a estação típica da partida do herói, a carta seguinte tem de nos mostrar a primeira experiência feita por alguém que sai do lar paterno e da cidade natal, que até então lhe haviam proporcionado conforto e segurança. A pessoa sai de casa para seguir o próprio caminho. A primeira lição a aprender é que, daí por diante, ela será responsável por tudo o que fizer e por tudo o que lhe acontecer, colhendo os frutos do que semeou. Estes são os dois temas centrais da carta "a Justiça".

O CARRO   A JUSTIÇA

b) Ao reconhecer no 8 o despertar para a percepção e a consciência, estamos nos lembrando do significado desse primeiro passo arquetípico. Enquanto podemos relacionar as sete primeiras cartas com o crescimento do herói, o Carro nos mostra o final dessa fase. A 8ª carta deve ser, consequentemente, o início de uma nova fase. Esse passo que leva da infância à maturidade também pode ser comparado com a passagem de um tempo de grande inconsciência para a época da consciência. No âmbito simbólico, existe uma equiparação analógica entre o "inconsciente" e a noite, e ambos têm conotação negativa.

Na língua alemã, assinala-se o abandono da noite do inconsciente, considerando-a a 8ª etapa da jornada. Ela tira da palavra *Nacht* (noite) o *N*, o que faz com que reste *Acht* (oito). Por certo, este fato não tem força comprobatória, pois se trata de um fenômeno próprio da língua alemã. No entanto, a constatação de que outras línguas europeias expressam o tema da mesma maneira é bastante convincente:*

---

* Devo essa descoberta à espetacular obra de Jean Gebser, *Ursprung und Gegenwart* [As Origens e o Presente], Munique, 1973.

Em alemão: *Acht – Nacht*
Em inglês: *Eight – Night*
Em francês: *Huit – Nuit*
Em italiano: *Otto – Notte*
Em espanhol: *Ocho – Noche*
Em latim: *Octo – Nox (Noctu)**

Assim a língua alemã reconhece o oito como a partida para fora da noite do inconsciente, que, ao mesmo tempo, é um despertar para a consciência. No Tarô, a carta "a Justiça" representa o julgamento consciente, inteligente, elaborado (ao contrário da partida do herói, vista na carta anterior, a 6ª carta, "Os Enamorados", que simboliza a decisão feita com o coração). Waite demonstrou esse aspecto porque em sua carta ele acentua o lado direito (consciente) da Justiça, personificada por Dike (Astreia ou também Nêmesis), na medida em que ele a mostra com o pé direito voltado para a frente.

---

* Como não podemos deixar de observar, a mesma relação se mantém em português entre *oito* e *noite* (N. do T.).

Também os oitos dos Arcanos Menores mostram, a seu modo, o início de uma nova experiência:

8 de Paus = Há algo de novo no ar
8 de Espadas = A passagem para o início de uma nova fase
8 de Ouros = O reinício consequente e alegre
8 de Copas = A difícil partida para o desconhecido

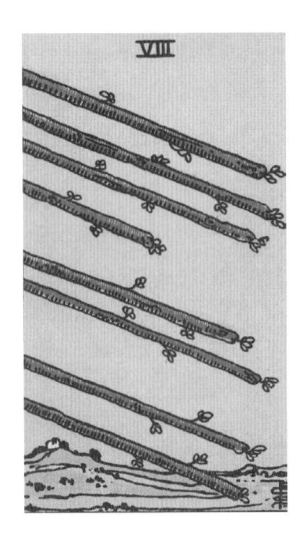

A 11ª carta

a) Um significado subjacente da carta "a Força" está no conceito da arrogância pessoal à qual os gregos chamavam *Hybris*, ou húbris. Com presunção, eles definiam a postura leviana de uma pessoa que se negava a seguir o mandamento dos deuses. A *Hybris* era o único procedimento que os deuses castigavam irremediavelmente.

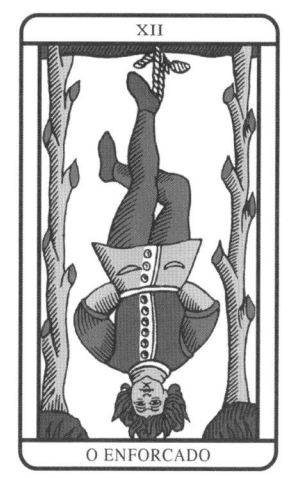

Se a Roda da Fortuna, na 10ª carta, corresponde à estação em que o herói consulta o oráculo a respeito de qual seria a sua tarefa na vida, a 11ª carta pode mostrar a sua revolta, a sua *Hybris*, que inevitavelmente provocará a sua queda. Consequentemente, o Enforcado, na 12ª carta, reflete a prisão, a armadilha ou, simplesmente, a penitência que ele tem de cumprir por ter falhado.

Na verdade, a carta "o Justiça" também serviria aqui como a carta que precede a prisão e o castigo; contudo, o tema da carta "a Força" apresenta um motivo mitológico conhecido e, portanto, um elo melhor e mais autêntico entre a Roda da Fortuna e o Enforcado.

Viagem do deus-Sol Rá no "Barco dos milhões de anos". Imagem do Papiro de Ani (cerca de 1420 a.C.). Acima, a jornada pelo mar noturno (em direção ao céu estrelado). Embaixo, a jornada pelo céu diurno (passando pelo Sol).

b) Quando os Arcanos Maiores do Tarô nos mostram a jornada do herói solar, devemos ver a sua jornada diurna (a conscientização), além de ver também o tema da jornada pelo mar noturno (a jornada da alma pelas trevas a fim de obter o tesouro tão difícil de alcançar).

I	VIII	VIIII
O MAGO	A JUSTIÇA	O EREMITA

O tema da conscientização é representado pelas primeiras 10 cartas, que começam com a força viril do Mago e alcançam o ponto máximo na 8ª e 9ª estações. A 8ª carta mostra o despertar para a consciência. O Eremita, na 9ª carta, representa o arquétipo do homem velho e sábio. É aqui que o herói descobre o seu verdadeiro nome e recebe os instrumentos de magia e a fórmula mágica de que vai precisar, no final de sua jornada, para poder concretizar a grande obra.

A Roda da Fortuna traz a necessária mudança da jornada diurna para a jornada pelo mar noturno.

| A RODA DA FORTUNA | O DIABO | A TORRE |

Neste lado sombrio, ficam a carta 15 (as almas vendidas) e a carta 16 (sua dramática libertação), a grande missão do herói. Mas como, nesse caso, se trata do encontro com a força dos instintos, com a nossa natureza animalesca, como se trata da liberação da nossa sombra e de outras imagens do inconsciente, a segunda dezena dos Arcanos Maiores, com razão, começa com uma força feminina que é mostrada pelo controle dos leões. Waite deixou claro o relacionamento entre as cartas "o Mago" e "a Força" por meio da elaboração semelhante de cores nas duas cartas e com a lemniscata ∞, que, nas cartas do Tarô de Marselha, é sugerido no desenho dos chapéus. No entanto, pela sua estrutura, não dá mais para ver que cada uma dessas cartas inicia uma nova dezena.

Assim sendo, do ponto de vista mitológico e da mística numérica, deve-se dar preferência à antiga estrutura dos Arcanos Maiores em vez da sequência numérica introduzida por Arthur Edward Waite em suas cartas.

Impresso por :

gráfica e editora

Tel.:11 2769-9056